KB266361

일러스트로 보는
월드컵의 역사
1930-2026

1판 1쇄 인쇄 2026년 4월 7일
1판 1쇄 발행 2026년 4월 14일

지은이 Aczel
옮긴이 곽지원
펴낸이 김기옥

실용본부장 박재성
실용팀 이소정
마케터 서지운
지원 고광현, 김형식

디자인 푸른나무디자인
인쇄·제본 민언프린텍

펴낸곳 한스미디어(한즈미디어(주))
주소 121-839 서울시 마포구 양화로 11길 13(서교동, 강원빌딩 5층)
전화 02-707-0337 | 팩스 02-707-0198 | 홈페이지 www.hansmedia.com
출판신고번호 제 313-2003-227호 | 신고일자 2003년 6월 25일

ISBN 979-11-24272-12-1 (03690)

책값은 뒤표지에 있습니다.
잘못 만들어진 책은 구입하신 서점에서 교환해드립니다.

1930~2026 WORLD CUP

일러스트로 보는 월드컵의 역사

ACZEL 지음 | 곽지원 옮김

한스미디어

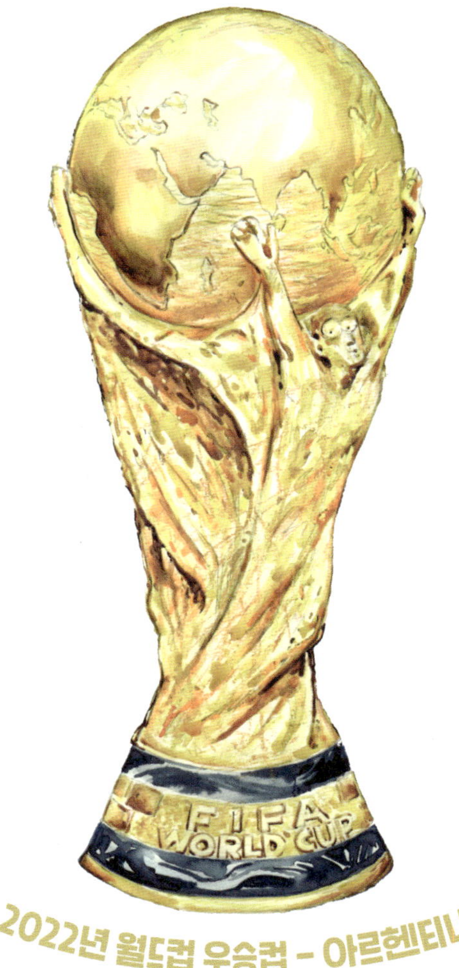

2022년 월드컵 우승컵 – 아르헨티나

목차

1930 우루과이

우루과이(왼쪽)와 아르헨티나는 각 팀의 주장인 호세 나사치와 마누엘 페레이라의 인도로 그라운드에 입장했다.

1930 우루과이 월드컵

압수된 무기, 눈보라 그리고 탈출용 배까지 — 첫 번째 월드컵은 오늘날의 시선으로 보면 모험담에 가까웠다.

1924년, FIFA 회장 쥘 리메(재임 기간 1921~1954)와 부유한 우루과이의 목축업자 엔리케 부에로는 세계적인 축구 대회를 열겠다는 계획을 세웠다. 우루과이가 올림픽(1924, 1928년)에서 연달아 금메달을 차지한 데다, 1930년은 독립 100주년이 되는 해였다. 모든 조건이 완벽히 맞아떨어졌고, 개최지는 자연스럽게 수도 몬테비데오로 정해졌다. 참가국은 개최국 우루과이를 비롯해 아르헨티나, 볼리비아, 페루, 칠레, 브라질, 파라과이, 멕시코가 남미 대표로 나섰고, 북미에서는 미국이 출전했다. 유럽에서는 프랑스, 벨기에, 루마니아, 유고슬라비아만이 2주가 넘는 배 여행을 마다하지 않고 참가했다. 1900년에 창립된 독일축구협회는 "비용이 너무 높다"라며 불참 핑계를 댔지만, 실제로는 전쟁의 기억이 남아 있어 전쟁 상대국들과 맞붙기를 꺼린 것이 이유였을 가능성이 높다. 이 대회는 예선전이

S.S. 콘테 베르데 호에는 쥘 리메와 월드컵 트로피, 세 명의 심판 그리고 유럽에서 참가하는 세 나라의 대표팀이 승선해 있었다. 브라질 대표팀은 리우데자네이루에서 정박한 배에 합류했다.

쥘 리메(왼쪽)와 우루과이 축구협회 회장 파울 후데 박사가 월드컵 트로피를 바라보고 있다.

없었던 유일한 월드컵이었다. 각국 대표팀은 몬테비데오에 도착한 뒤 현장에서 추첨을 통해 조가 정해졌다. 세 조는 각 세 팀이었고, 한 조만 네 팀으로 구성되었다. 개막전은 프랑스와 멕시코의 경기였다. 남반구의 겨울, 영하의 날씨 속에서도 4,444명의 관중이 포시토스 경기장을 가득 채웠다. 경기 19분 만에 프랑스 공격수 뤼시앵 로랑이 월드컵 역사상 첫 골을 터뜨렸고, 경기는 4:1 프랑스의 승리로 끝났다. 그러나 조 1위는 예상대로 아르헨티나와 우루과이였다. 두 팀은 각각 미국과 유고슬라비아를 6:1로 꺾고 결승에 진출했다. 결승전 당일, 약 9만 명의 열광적인 관중이 경기장으로 몰려들었다. 입장객들은 철저히 몸수색을 받았는데, 실제로 1,600정이 넘는 권총이 압수되었다고 한다. 그리고 그날, 우루과이는 아르헨티나를 4:2로 꺾고 역사상 첫 번째 월드컵 챔피언에 올랐다. 다음 날은 국가 공휴일로 지정되었다.

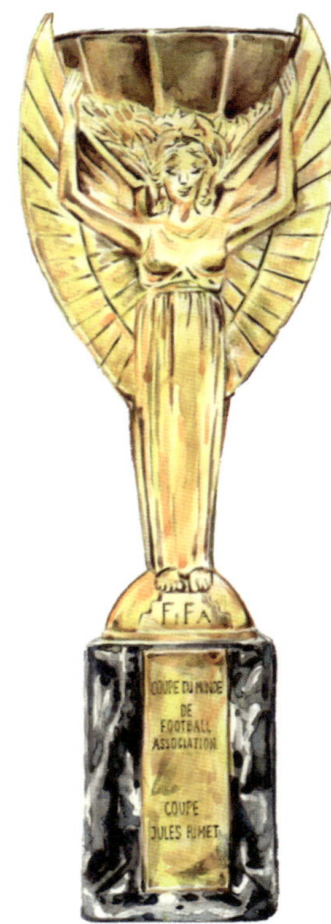

순금으로 만들어진 트로피는 훗날 '쥘 리메 컵'이라는 이름을 얻었다. 1970년, 브라질이 세 번째 우승을 차지하면서 그 영광의 상징은 영구히 브라질의 소유가 되었다.

월드컵 개막 당시, 몬테비데오의 **에스타디오 센테나리오**는 아직 완공되지도 않은 상태였다.

월드컵 첫 해트트릭은 멕시코와의 경기에서 3골을 넣은 기예르모 스타빌레(아르헨티나)로 기록됐다. 하지만 2006년 재조사 결과, 그 경기 이틀 전 미국과 파라과이의 경기에서 톰 플로리의 두 번째 골이 사실은 버트 패트노드(미국)의 골로 밝혀져 월드컵 첫 해트트릭의 주인공이 버트 패트노드로 뒤바뀌었다.

우루과이와 아르헨티나는 각각 6:1로 승리하며 결승에 진출했다. 결승전의 열기는 대단했다. 약 1만 5천 명의 아르헨티나 팬들이 배를 타고 경기장으로 향했지만, 그중 많은 이들이 아직 항해 중일 때 경기가 이미 시작되었다.

우루과이는 예전 올림픽 때처럼 절대적인 강자는 아니었다. 팀은 노쇠했지만 여전히 실력은 녹슬지 않았다. 핵심 선수는 오른쪽 윙에서 활약한 호세 안드라데로, 국제 축구 경기의 최초 유색 인종 선수였다. 아르헨티나의 몬티는 거친 태클로 악명이 높았는데, 그는 경기 전 살해 위협까지 받았지만 끝내 출전했다. 그 때문에 벨기에 출신 주심 장 랑게뉘는 경기 당일 몇 시간 전까지도 주심을 맡을지 망설였다. 그는 혹시 모를 사태에 대비해 "경기 종료 한 시간 후, 나를 태울 배를 대기시켜 달라"라고 조건을 내걸었다고 한다.

우루과이의 대표 선수 **호세 안드라데**

프랑스의 뤼시앵 로랑은 월드컵 역사상 첫 골을 기록하며,
또 한 명의 역사적인 주인공으로 이름을 남겼다.

그 첫 골은 이렇게 만들어졌다.

1930년 7월 13일, 포시토스 경기장, 19분

1930년 월드컵 우승 팀 우루과이 선수들

(뒷줄 왼쪽부터 오른쪽): 피글리(코치), 알바로 헤스티도, 호세 나사치, 엔리케 바예스트레로, 에르네스토 마스체로니, 호세 안드라데,
로렌소 페르난데스
(앞줄): 파블로 도라도, 엑토르 스카로네, 엑토르 카스트로, 호세 페드로 세아, 빅토리아노 산토스 이리아르테

우루과이 대표팀 감독 **알베르토 수피시**는 선수들이 스스로 창의성을 발휘하며 경기를 풀어나가도록 믿고 맡겼다.

결승전 1930년 7월 30일

우루과이 4:2 아르헨티나

장소: 에스타디오 센테나리오, 몬테비데오(우루과이)
관중: 8만 명
주심: 장 랑게뇌(벨기에)

그 당시 규정에는 사용할 공의 종류가 명시되어 있지 않았다. 이에 아르헨티나가 항의하자, 결승전에서는 전반과 후반에 서로 다른 공이 사용되었다. 전반전에는 아르헨티나 공이, 후반전에는 우루과이 공이 사용된 것이다.

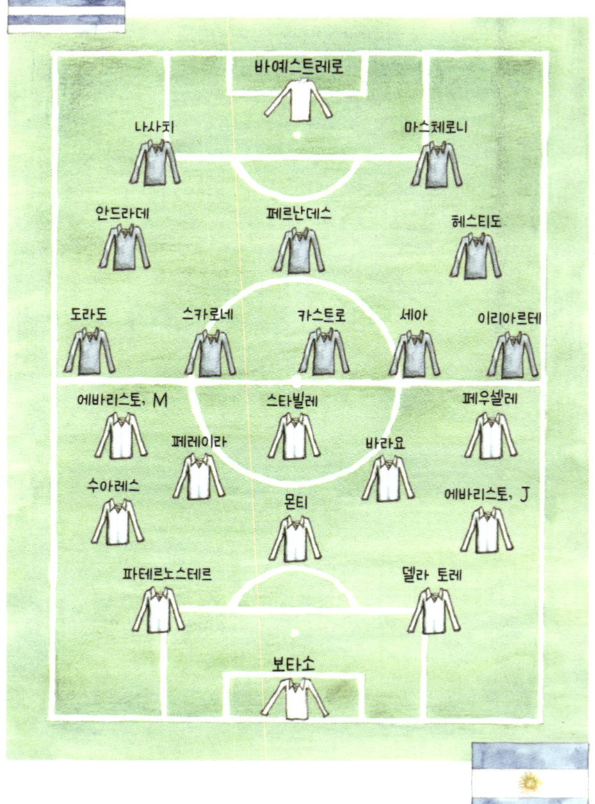

1:0 도라도, 보타소의 다리 사이로 슛
12분
1:1 페우셀레의 동점골
20분
1:2 스타빌레의 역전골
37분
2:2 세아, 낮고 강한 슈팅으로 동점
57분
3:2 산토스 이리아르테, 약 27미터 중거리 슛
68분
4:2 카스트로의 헤더로 마무리
89분
월드컵 첫 챔피언: 우루과이!
ACZEL

 1930년 월드컵 한눈에 보기 

1조

날짜	팀	결과	팀
7월 13일	프랑스	4:1	멕시코
7월 15일	아르헨티나	1:0	프랑스
7월 16일	칠레	3:0	멕시코
7월 19일	칠레	1:0	프랑스
7월 19일	아르헨티나	6:3	멕시코
7월 22일	아르헨티나	3:1	칠레

2조

날짜	팀	결과	팀
7월 14일	유고슬라비아	2:1	브라질
7월 17일	유고슬라비아	4:0	볼리비아
7월 20일	브라질	4:0	볼리비아

3조

날짜	팀	결과	팀
7월 14일	루마니아	3:1	페루
7월 18일	우루과이	1:0	페루
7월 21일	우루과이	4:0	루마니아

4조

날짜	팀	결과	팀
7월 13일	미국	3:0	벨기에
7월 17일	미국	3:0	파라과이
7월 20일	파라과이	1:0	벨기에

4강

날짜	팀	결과	팀
7월 26일	아르헨티나	6:1	미국
7월 27일	우루과이	6:1	유고슬라비아

결승

날짜	팀	결과	팀
7월 30일	우루과이	4:2	아르헨티나

1930 월드컵 입장권

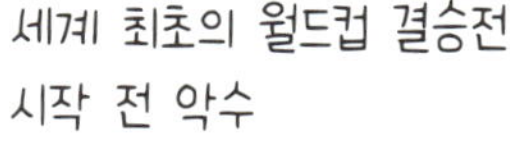

세계 최초의 월드컵 결승전
시작 전 악수

모든 참가 선수는 기념 메달을 받았다.

그 시절 축구화는 거칠고 불편했으며,
딱딱한 가죽으로 만들어졌다. 오늘
날 선수들이 신는 축구화와는 비교조
차 되지 않는다.

우승국: 우루과이

참가국

13개국(신청국 모두 참가)

대회 기간

1930년
7월 13일~7월 30일

총관중

590,549명

(경기당 평균 약 32,808명)

출전 선수

189명

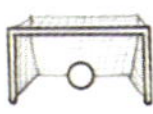

득점

70(경기당 평균 약 3.89)

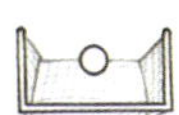

자책골

1골

가장 빠른 골

50초 - 데슈

(루마니아 vs 페루)

경기

18

가장 득점력이 높은 팀

아르헨티나

(5경기 18골)

득점 순위

8골: 스타빌레(아르헨티나)
5골: 세아(우루과이)
4골: 패트노드(미국)

퇴장

단 1명(경기당 평균 0.06명)

최우수 선수 TOP 3

1. 호세 레안드로 안드라데(우루과이)
2. 기예르모 스타빌레(아르헨티나)
3. 호세 페드로 세아(우루과이)

최고의 골키퍼

엔리케 바예스토레로(우루과이)

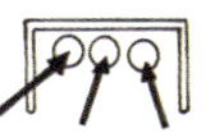
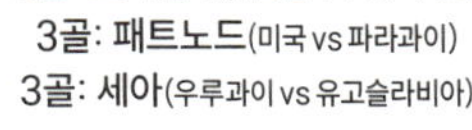

1경기 3골 이상 기록자

3골: 스타빌레(아르헨티나 vs 멕시코)
3골: 패트노드(미국 vs 파라과이)
3골: 세아(우루과이 vs 유고슬라비아)

페널티킥

총 4회

(1골 성공, 3회는 실축 또는 세이브)

드림 팀 1930

1934 이탈리아

이탈리아는 연장전 끝에 체코슬로바키아를 꺾고 우승을 차지했다.

1934 이탈리아 월드컵

독재자가 스포츠를 정치 무대로 이용했던 시대, 독일의 첫 출전, 그리고 경기장을 지배했던 거인과 무패의 오스트리아까지 — 극적인 장면들로 가득했던 제2회 월드컵은 1934년 5월 27일부터 6월 10일까지 이탈리아에서 열렸다.

32개국이 예선을 치른 끝에 16개국이 본선에 올랐고, 이집트가 아프리카 국가 최초로 참가국에 이름을 올렸다. 전 대회 챔피언 우루과이는 1930년 이탈리아가 참가하지 않았던 일을 이유로 보복하듯 불참했다. 당시 국가 원수였던 베니토 무솔리니는 월드컵을 파시즘의 선전장으로 이용하기 위해 네 개의 경기장을 새로 짓는 데 막대한 예산을 쏟아부었다.

이번 대회는 **단판 승부 토너먼트 방식**으로 진행되었다. 브라질과 아르헨티나는 16강에서 탈락하며 일찌감치 짐을 쌌다. 독일은 벨기에를 상대로 5:2 대승을 거두었는데, 중앙 공격수 **에드문트 '에드' 코넨**이 66분, 70분, 87분에 연달아 골을 터뜨리며 '완벽한 해트트릭'을 기록했다.

8강에서는 개최국 이탈리아가 스페인과 맞붙었다. 반드시 이겨야 했던 경기였다. 스페인의 전설적인 골키퍼 **리카르도 사모라**는 연장전까지 버티며 1:1 무승부를 지켜냈다. 당시에는 승부차기가 없었기 때문에, 다음 날 곧바로 재경기가 열렸다. 결국 이탈리아가 1:0으로 승리했다. 오스트리아와 헝가리의 맞대결(2:1)도 거칠기로 악명이 높았다. 오스트리아는 이전 경기들에서 압도적인 승리를 거두며 '기적의 팀'이라 불렸고, 강력한 우승 후보로 꼽혔다. 하지만 3위 결정전에서는 상황이 달랐다. 두 팀 모두 전통적으로 흑백 유니폼을 입었기 때문에, 오스트리아는 **나폴리의 파란색 유니폼**을 빌려 입고 경기에 나섰다. 결과는 2:3 패배였다.

결승전에서 이탈리아는 심판의 판정에 크게 도움을 받았다. 거친 파울이 여러 차례 있었지만 휘슬은 불리지 않았다. 그럼에도 체코슬로바키아가 먼저 선제골을 넣었다. 그러나 부상 투혼을 발휘한 **주세페 메아차**가 **안젤로 스키아비오**에게 완벽한 패스를 내줬고, 스키아비오가 결승골을 터뜨리며 2:1 승리를 완성했다. 이로써 이탈리아는 자국에서 열린 대회에서 첫 월드컵 우승을 거머쥐었다.

전설적인 이탈리아의 스트라이커 주세페 메아차는 그 탁월한 기량 덕분에,
훗날 *AC* 밀란의 홈구장이 그의 이름을 따 '스타디오 주세페 메아차'로 명명되었다.

1934년 월드컵 우승 팀 이탈리아 선수들

(뒷줄 왼쪽부터 오른쪽): 잔피에로 콤비, 루이스 몬티, 아틸리오 페라리스, 루이지 알레만디, 엔리코 과이타, 조반니 페라리

(앞줄): 안젤로 스키아비오, 주세페 메아차, 에랄도 몬첼리오, 루이지 베르톨리니, 라이문도 오르시

메아차는 스페인과의 8강전 재경기에서 이탈리아를
승리로 이끄는 결정적인 골을 넣었다.

체코슬로바키아의 **올드르지흐 네예들리**는 이번 대회에서 5골을 기록하며
골든슈(득점왕)를 차지했다.

당시 대부분 경기의 관중석은 반 정도밖에 차지 않았다.
팬들은 국가대표 경기보다 여전히 자신이 응원하는 **클럽**의
경기를 더 즐겨 찾았기 때문이다.

이 대회는 골키퍼들의 월드컵으로 불렸다. 그림 속 인물은 세계 축구사에서 가장 화려한 존재 중 하나인 스페인의 **리카르도 사모라**다.

이탈리아의 감독 **비토리오 포초**는 철저한 준비로 유명했다.

결승전 1934년 6월 10일

이탈리아 2:1(연장) 체코슬로바키아

장소: 스타디오 나치오날레 델 PNF, 로마
관중: 55,000명
주심: 이반 에클린드(스웨덴)

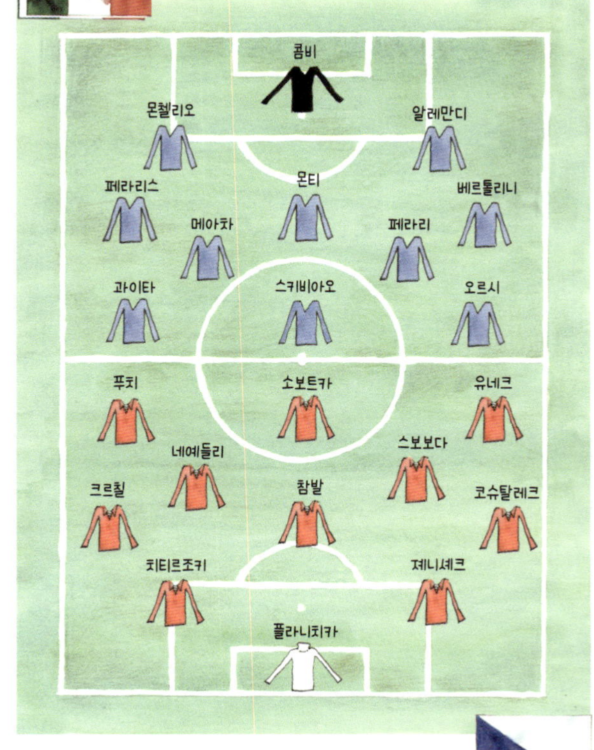

이 경기는 양 팀 주장 모두가 골키퍼였던
유일한 월드컵 결승전으로 기록되었다.

55분

체코의 **푸치**가 페널티킥을
얻지 못하고

… 부상으로 들것에 실려 나갔다.

0:1 푸치가 다시 돌아와 골을 넣다.　　67분

1:1 오르시의 동점골　　81분

연장전

스키아비오가 골문 앞
3미터 거리에서 결승골 성공　　95분

2:1

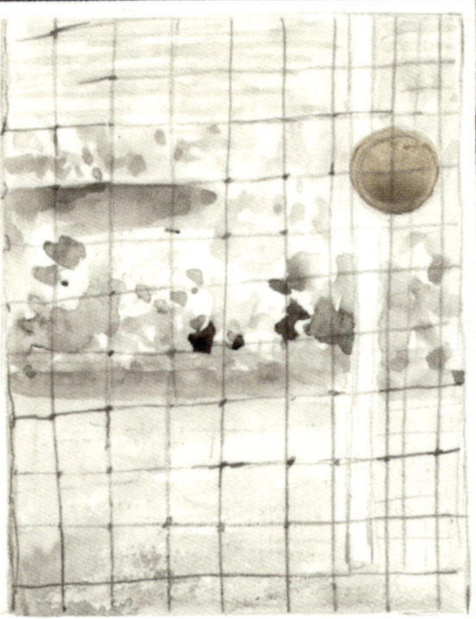

월드컵 챔피언: 이탈리아!

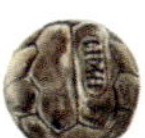

1934년 월드컵 한눈에 보기

예선

날짜	팀	결과	팀
5월 27일	스웨덴	3:2	아르헨티나
5월 27일	오스트리아	3:2	프랑스
5월 27일	독일	5:2	벨기에
5월 27일	스페인	3:1	브라질
5월 27일	헝가리	4:2	이집트
5월 27일	스위스	3:2	네덜란드
5월 27일	이탈리아	7:1	미국
5월 27일	체코슬로바키아	2:1	루마니아

8강

날짜	팀	결과	팀
5월 31일	체코슬로바키아	3:2	스위스
5월 31일	독일	2:1	스웨덴
5월 31일	이탈리아	1:1	스페인
5월 31일	오스트리아	2:1	헝가리
6월 1일	이탈리아	1:0	스페인

* 6월 1일 경기는 무승부로 인한 재경기

4강

날짜	팀	결과	팀
6월 3일	이탈리아	1:0	오스트리아
6월 3일	체코슬로바키아	3:1	독일

3위 결정전

날짜	팀	결과	팀
6월 7일	독일	3:2	오스트리아

결승

날짜	팀	결과	팀
6월 10일	이탈리아	2:1	체코슬로바키아

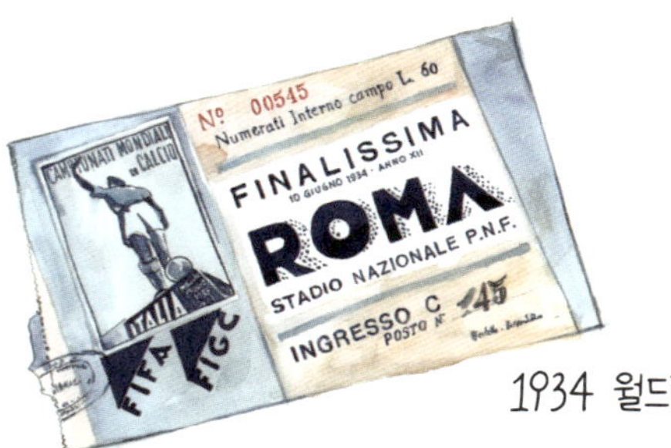

1934 월드컵 입장권

우승국: 이탈리아

제자들이 스승을 들어 올리다.

참가국
16개국(32개국 신청)

대회 기간
1934년
5월 27일~6월 10일

총관중
363,000명
(경기당 평균 약 21,353명)

출전 선수
208명

득점
70(경기당 평균 약 4.12)

자책골
없음

가장 빠른 골
23초 : 레너
(독일 vs 오스트리아)

경기
17

가장 득점력이 높은 팀
이탈리아
(5경기 12골)

득점 순위
5골: 네예들리 (체코슬로바키아)
4골: 스키아비오 (이탈리아)
4골: 코넨 (독일)

퇴장
단 1명(경기당 평균 0.06명)

최우수 선수 TOP 3
1. 주세페 메아차 (이탈리아)
2. 올드르지흐 네예들리 (체코슬로바키아)
3. 안젤로 스키아비오 (이탈리아)

최고의 골키퍼
리카르도 사모라 (스페인)

1경기 3골 이상 기록자
3골: 스키아비오 (이탈리아 vs 미국)
코넨 (독일 vs 벨기에)
네예들리 (체코슬로바키아 vs 독일)

페널티킥
총 4회
(3골 성공, 1회 실축)

드림 팀 1934

사모라
몬첼리오
킨코 세스
실라우렌
페라리스
몬티
과이타
메아차
네예들리
신델라
오르시

1938 프랑스

1938 프랑스 월드컵

제2차 세계대전이 코앞으로 다가온 정치적 격변 속에서, 세 번째 월드컵이 6월 4일부터 19일까지 프랑스에서 열렸다. 이 대회에서는 훗날 축구 역사에 한 획을 그을 한 인물이 처음으로 모습을 드러냈다. 16년 뒤 '베른의 기적'으로 이름을 남길 독일 대표팀 감독 제프 헤르베르거였다.

하지만 헤르베르거는 그해 어려운 숙제를 떠안고 있었다. 불과 10주 이내에 완전히 새로운 대표팀을 만들어야 했기 때문이다. 나치 독일이 오스트리아를 병합하면서, 지도부는 '대독일팀'을 꾸리라고 명령했다. 이에 따라 헤르베르거는 독일과 오스트리아 선수들을 섞어 한 팀으로 만들어야 했다. 이번 대회에는 총 16개 팀이 출전했다. 그중에는 오늘날 인도네시아인 네덜란드령 동인도와 쿠바도 포함되어 있었다. 두 나라 모두 이때가 유일한 월드컵 본선 출전이었다. 반면 남미의 주요 팀들은 대회에 불참했다. 그들은 아르헨티나가 이번 월드컵의 개최국이었어야 한다며 불만을 품고 등을 돌렸다. 스페인 또한 내전 중이어서 출전하지 못했다. 독일은 16강전에서 스위스에 패하며 일찌감치 탈락했다. 두 차례 치러진 경기(첫 경기는 무승부, 두 번째는 재경기)에서 히틀러식 경례를 올린 독일 선수들은 관중들에게 야유를 받았고, 각종 물건이 경기장으로 날아들었다. 브라질과 폴란드의 경기에서는 브라질의 '검은 다이아몬드'라 불린 전설의 공격수 레오니다스 다 시우바가 세 골을 몰아치며 6:5 승리를 이끌었다. 그는 경기 도중 신발을 벗어 던지고 맨발로 뛰기도 했는데, 그해 7골을 달성해 득점왕에 올랐다. 치열했던 8강전에서 체코슬로바키아의 골키퍼 프란티셰크 플라니치카는 팔이 부러졌음에도 불구하고 끝까지 골문을 지키며 영웅으로 등극했다. 그러나 그의 투혼도 2:1 패배를 막진 못했다. 브라질의 결승 진출이 눈앞인 듯 보였다.

하지만 브라질의 길을 막은 것은 이탈리아였다. 4강전에서 브라질을 2:1로 꺾은 이탈리아는 결승전에서 헝가리와 맞붙었다. 헝가리는 손쉽게 결승에 올랐지만, 마지막에 웃은 건 이탈리아였다. 지휘자처럼 팀을 이끈 주세페 메아차의 활약 속에, 이탈리아는 4:2로 승리하며 통산 두 번째 우승을 차지했다.

쥘 리메의 손자 이브가 추첨을 진행하고, 그의 할아버지는 자랑스럽게 추첨 항아리를 들고 있다.

1938년,
남미에서 유일하게 대회에 참가한 나라는 브라질이었다.

체코의 위대한 골키퍼 프란티셰크 플라니치카는 팔이 부러진 채로 끝까지 경기를 이어갔다.

프랑스와의 8강전에서 터진 콜라우시의 잊을 수 없는 골. 이탈리아 선수들이 검은색 유니폼을 입고 뛰었던 것이 특히 눈에 띈다.

독일 대표팀이 올린 히틀러식 경례는 프랑스 관중들로부터 거센 야유를 받았다.

1938년 월드컵 우승 팀 이탈리아 선수들

(뒷줄 왼쪽부터 오른쪽): 부를란도(코치), 아메데오 비아바티, 바카로(FIGC 회장), 비토리오 포초(감독), 안젤리(마사지사, 가려짐), 실비오 피올라, 조반니
페라리, 지노 콜라우시

(앞줄): 우고 로카텔리, 주세페 메아차, 알프레도 포니, 피에트로 세란토니(누워 있음), 알도 올리비에리, 피에트로 라바, 미켈레 안드레올로(마사지사)

주세페 메아차는 1938년 두 번째 월드컵 우승을 차지했다.

결승전 1938년 6월 19일

이탈리아 4:2 헝가리

장소: 스타드 올랭피크 드 콜롱브, 파리
관중: 6만 명
주심: 조르주 카프드빌(프랑스)

위대한 이탈리아 감독 비토리오 포초 역시 두 번째 우승의 주인공이었다.

1:0 피올라의 패스를 받은 콜라우시가 득점

6분

1:1 티트코시가 동점 골을 만들었다.

8분

2:1 피올라가 다시 득점했다. 16분

3:1 콜라우시의 두 번째 골은 놀라웠다. 35분

3:2 샤로시의 추격 골 70분

4:2 마지막에는 피올라가 경기를 결정지었다.

82분

이탈리아가 월드컵 챔피언이 되었다.

1938년 월드컵 한눈에 보기

예선

날짜	팀	결과	팀
6월 4일	스위스	1:1	독일
6월 5일	헝가리	6:0	네덜란드령 동인도
6월 5일	프랑스	3:1	벨기에
6월 5일	쿠바	3:3	루마니아
6월 5일	이탈리아	2:1	노르웨이
6월 5일	브라질	6:5	폴란드
6월 5일	체코슬로바키아	3:0	네덜란드
6월 9일	쿠바	2:1	루마니아
6월 9일	스위스	4:2	독일

* 6월 9일 2경기는 무승부로 인한 재경기

8강

날짜	팀		결과	팀	
6월 12일	브라질		1:1		체코슬로바키아
6월 12일	헝가리		2:0		스위스
6월 12일	스웨덴		8:0		쿠바
6월 12일	이탈리아		3:1		프랑스
6월 14일	브라질		2:1		체코슬로바키아

* 6월 14일 경기는 무승부로 인한 재경기

4강

날짜	팀		결과	팀	
6월 16일	헝가리		5:1		스웨덴
6월 16일	이탈리아		2:1		브라질

3위 결정전

날짜	팀		결과	팀	
6월 19일	브라질		4:2		스웨덴

결승

날짜	팀		결과	팀	
6월 19일	이탈리아		4:2		헝가리

우승국: 이탈리아

1938 월드컵 입장권

파리에서 거둔 위대한 승리 후,
이탈리아 신문 『라 가제타 델로 스포르트』의 1면.

참가국

15개국(36개국 신청)

대회 기간

1938년
6월 4일~6월 19일

총관중

375,700명

(경기당 평균 약 20,872명)

출전 선수

211명

득점

84(경기당 평균 약 4.67)

자책골

2골

가장 빠른 골

35초: 아르네 니버그

(스웨덴 vs 헝가리)

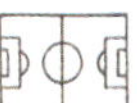

경기

18

가장 득점력이 높은 팀

헝가리: 4경기 15골

득점 순위

7골: 레오니다스 (브라질)
5골: 젠겔레르 (헝가리), 피올라 (이탈리아),
샤로시 (헝가리)

퇴장

4명(경기당 평균 0.22명)

최우수 선수 TOP 3

1. 실비오 피올라 (이탈리아)
2. 레오니다스 (브라질)
3. 주세페 메아차 (이탈리아)

최고의 골키퍼

프란티셰크 플라니치카 (체코슬로바키아)

1경기 3골 이상 기록자

4골: 레오니다스 (브라질 vs 폴란드)
빌리모프스키 (폴란드 vs 브라질)
3골: 베테르스트룀 (스웨덴 vs 쿠바)
안데르손 (스웨덴 vs 쿠바)

페널티킥

총 4회(3골 성공, 1회 세이브)

드림 팀 1938

1950 브라질

세계 최대 규모를 자랑하던 마라카낭 경기장은 곧 브라질 축구 역사상 가장 쓰라린 패배의 현장이 되었다.

1950 브라질 월드컵

브라질은 제2차 세계대전의 피해를 비교적 덜 입은 나라였다. 그래서 1950년 6월 24일부터 7월 16일까지, 전후 첫 번째 월드컵의 개최국으로 선정되었다. 전쟁의 패전국이었던 독일과 일본은 여전히 FIFA로부터 출전 정지를 당해 참가할 수 없었다. 대신 축구 종주국 영국이 처음으로 무대에 올랐다. 전 세계의 시선은 리우데자네이루로 향했다. 20만 명이 넘는 관중을 수용할 수 있도록 새로 지어진 거대한 마라카낭 경기장이 공개된 것이다.

34개국이 출전 의사를 밝혔지만, 수많은 국가가 기권하며 실제 본선에 오른 팀은 13팀뿐이었다. 인도는 "맨발로 뛸 수 없다"라는 FIFA의 규정에 항의하며 불참했다. 전 대회 우승국 이탈리아는 여전히 강팀으로 꼽혔지만, 더 이상 예전의 위용을 되찾지 못했다. 1년 전, 이탈리아 토리노의 수페르가 언덕에서 발생한 비행기 추락 사고로 당대 최강이던 토리노 FC 선수단 전원이 사망한 참사가 국가대표팀에도 깊은 상처를 남겼다.

이번 대회는 사상 처음으로 조별 리그 방식으로 진행됐다. 그러나 잉글랜드에게는 예선전조차 악몽이었다. 근대 축구의 발상지였던 잉글랜드는 그동안 '세계대회 따위'라며 오만하게 참가를 거부해 왔지만, 첫 출전에서 미국의 아마추어 선수들에게 0:1로 패배하는 굴욕을 당했다. 개막전에서 칠레를 2:0으로 이겼던 승리는 아무 의미가 없었다. 스페인과의 마지막 경기에서 다시 0:1로 지면서, 잉글랜드는 조별 리그 탈락과 함께 고개를 숙인 채 귀국했다.

그 대신 브라질은 거침없이 승리를 거듭하며 결승 라운드에 올랐다. 그들이 맞닥뜨린 상대는 좀처럼 경기력이 오르지 않던 우루과이였다. 이번 대회는 결승전이 따로 없었고, 모든 팀이 서로 맞붙는 리그전 방식으로 우승을 가리는 독특한 형태였다. 그래서 이 경기는 '결승이 아닌 결승전'이라 불렸다. 경기 장소는 아직 완공되지 않은 거대한 마라카낭 경기장이었다.

"마라카나소(Maracanazo)", 우루과이가 브라질을 꺾은 기적의 승리로 기록된 역사적 경기. 기지아가 그 결승 골을 터뜨리는 장면이다.

브라질 선수들은 승리를 확신한 듯 자신감에 차 있었다. 실제로 후반전 초반 선제골을 넣으며 앞서 나갔다. 그러나 곧 동점 골을 허용했고, 마침내 우루과이의 오른쪽 윙어 알시데스 기지아가 결승 골을 터뜨리며 승부는 2:1로 뒤집혔다. 이 경기는 이후 오랫동안 브라질 축구 역사상 가장 큰 비극으로 남았다. 2014년 월드컵 독일전의 1:7 대패가 나오기 전까지, 마라카낭에서의 이 패배는 나라 전체의 상처로 기억되었다. 그날 이후 브라질 대표팀은 더 이상 흰색 유니폼을 입지 않았다. 골키퍼 바르보사는 1993년에는 "불운을 가져올 수 있다"라는 이유로 대표팀 훈련장 출입을 거부당하기도 했다.

잉글랜드 선수들은 경기 외 시간에
해변에서 비치사커를 구경했다.

하지만 수비수 알프 램지는 조 게이젠
스에게 결승 골을 허용하며 잉글랜드가
패배하는 참혹한 장면을 지켜볼 수밖에
없었다.

브라질의 공격수 아데미르는 8골로 득점왕(골든슈)을
차지했지만, 우승 트로피는 끝내 손에 넣지 못했다.

브라질과 우루과이의 결승전에는 이미 17만 4천
장의 표가 팔렸지만, 그 외에도 약 3만 명이 더
몰려들었다. 그날, 기적적으로 단 한 명의 부상자도
발생하지 않았다.

1950년 월드컵 우승 팀 우루과이 선수들
(뒷줄 왼쪽부터 오른쪽): 옵둘리오 바렐라, 후안 로페스(감독), 에우세비오 테헤라, 바스케스(코치), 아바테(코치), 슈베르트 감베타, 마티아스 곤살레스, 로케 가스톤 마스폴리, 빅토르 안드라데, 키르히베르크(마사지사)
(앞줄): 알바레스(코치), 알시데스 기지아, 훌리오 페레스, 오스카르 미게스, 후안 스키아피노, 루벤 모란, 피골리(코치)

우루과이 주장 옵둘리오 바렐라,
팀이 우승을 차지한 뒤 남긴 투혼의 한마디

우루과이의 감독 후안 로페스는 경기 전, 브라질을 무너뜨릴
구체적인 방법을 선수들에게 세밀히 지시했다.

결승전 1950년 7월 16일

우루과이 2:1 브라질

장소: 이스타지우 두 마라카낭(리우데자네이루)
관중: 199,954명
주심: 조지 리더(잉글랜드)

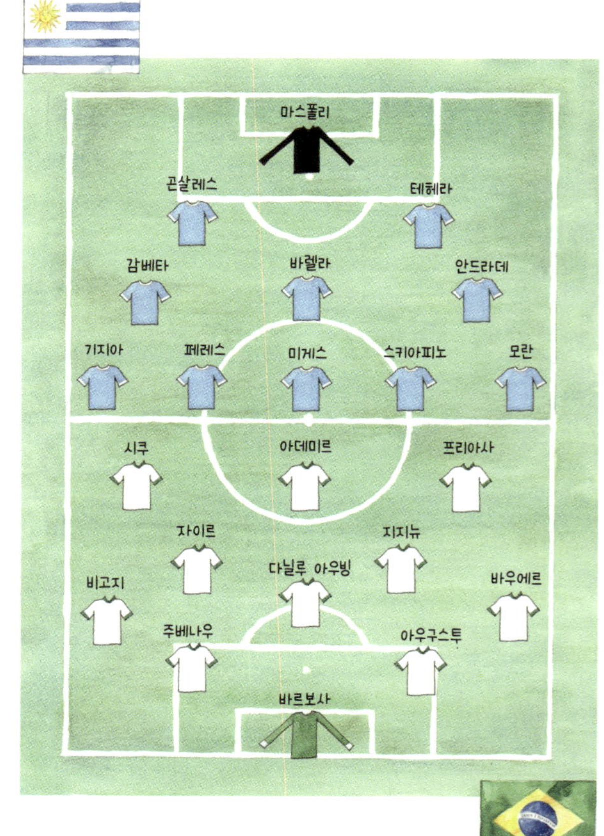

골! 브라질은 침묵에 잠기고, 월드컵 챔피언은 **우루과이!**

우루과이에게 트로피를 건네는 시상식은 예정되어 있지 않았지만, 선수들은 개의치 않았다. 그들에게 중요한 건 오직 하나, 세계 챔피언이 되었다는 사실뿐이었다.

 1950년 월드컵 한눈에 보기

1조

날짜	팀	결과	팀
6월 24일	브라질	4:0	멕시코
6월 25일	유고슬라비아	3:0	스위스
6월 28일	브라질	2:2	스위스
6월 28일	유고슬라비아	4:1	멕시코
7월 1일	브라질	2:0	유고슬라비아
7월 2일	스위스	2:1	멕시코

승점: 브라질 5, 유고슬라비아 4, 스위스 3, 멕시코 0

2조

날짜	팀	결과	팀
6월 25일	잉글랜드	2:0	칠레
6월 25일	스페인	3:1	미국
6월 29일	스페인	2:0	칠레
6월 29일	미국	1:0	잉글랜드
7월 2일	스페인	1:0	잉글랜드
7월 2일	칠레	5:2	미국

승점: 스페인 6, 잉글랜드 2, 칠레 2, 미국 2

3조

날짜	팀	결과	팀
6월 25일	스웨덴	3:2	이탈리아
6월 29일	스웨덴	2:2	파라과이
7월 2일	이탈리아	2:0	파라과이

승점: 스웨덴 3, 이탈리아 2, 파라과이 1

4조

날짜	팀	결과	팀
7월 2일	우루과이	8:0	볼리비아

결선

날짜	팀	결과	팀
7월 9일	우루과이	2:2	스페인
7월 9일	브라질	7:1	스웨덴
7월 13일	브라질	6:1	스페인
7월 13일	우루과이	3:2	스웨덴
7월 16일	스웨덴	3:1	스페인
7월 16일	우루과이	2:1	브라질

승점: 우루과이 5, 브라질 4, 스웨덴 2, 스페인 1

결승

날짜	팀	결과	팀
7월 16일	우루과이	2:1	브라질

1950 월드컵 입장권

우승국: 우루과이

기지아, 결승전 결승골의 주인공

참가국

13개국(34개국 신청)

대회 기간

1950년
6월 24일~7월 16일

총관중

1,045,246명

(경기당 평균 약 47,511명)

출전 선수

190명

득점

88(경기당 평균 약 4)

자책골

1골

가장 빠른 골

2분 - 알프레도

(브라질 vs 스위스)

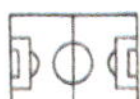

경기

22

가장 득점력이 높은 팀

브라질

(6경기 22골)

득점 순위

8골: 아데미르(브라질)
5골: 미게스(우루과이)
4골: 바소라, 사라(스페인)
시쿠(브라질), 기지아(우루과이)

퇴장

없음

최우수 선수 TOP 3

1. 아데미르(브라질)
2. 알시데스 기지아(우루과이)
3. 옵둘리오 바렐라(우루과이)

최고의 골키퍼

로케 마스폴리(우루과이)

1경기 3골 이상 기록자

4골: 아데미르(브라질 vs 스웨덴)
3골: 미게스(우루과이 vs 볼리비아)

페널티킥

총 3회(3골 전부 성공)

드림 팀 1938

1954 스위스

1954 스위스 월드컵은 유난한 비와
거친 경기들로 기억되는 대회였다.

1954 스위스 월드컵

"끝났습니다! 끝났어요! 끝났습니다! 경기가 끝났습니다! 서독이 세계 챔피언입니다!" 라디오 중계자 헤르베르트 치머만의 목소리는 흥분으로 떨렸고, 그 외침은 전후의 침묵 속에 있던 독일 국민에게 전율처럼 퍼져 나갔다. 이날의 승리, 즉 '베른의 기적(Wunder von Bern)'은 오늘날 독일연방공화국의 상징적인 탄생 순간으로 불린다.

그러나 경기 전까지 누구도 서독의 우승을 예상하지 못했다. 완전한 언더 독으로 평가받던 서독은 제프 헤르베르거 감독의 지휘 아래 6월 16일부터 7월 4일까지 열린 본선 무대에 15개국과 함께 참가했다. 조별 리그에서 서독은 하필 헝가리와 한 조였다. 당시 헝가리는 세계 최강이었다. 무려 31경기 연속 무패, 그리고 올림픽 챔피언. 페렌츠 퓨슈카시, 산도르 코츠시스 등 '매직 마자르'로 불린 선수들은 4경기에서 25골을 몰아넣으며 압도적인 전력을 자랑했다.

많은 득점을 한 것은 헝가리뿐만이 아니었다. 이번 대회는 역대 가장 많은 득점(26경기 140골, 경기당 평균 5.4골)이 나온 월드컵이었다. 스위스와 오스트리아의 경기(5:7)에서 나온 12골은 지금까지도 한 경기 최다 득점 기록으로 남아 있다. 또한 선수들이 등번호를 달고 경기한 첫 대회, 그리고 TV로 생중계된 첫 월드컵이었다. 그 덕분에 유럽 전역에서는 텔레비전 판매가 폭발적으로 증가했다. 하지만 이 대회에 영광만 있었던 것은 아니었다. 서독은 조별 리그에서 헝가리에게 3:8로 참패했으나, 튀르키예를 상대로 두 차례 승리하며 간신히 다음 라운드에 진출했다. 한편 헝가리와 브라질의 8강전은 '베른의 전투(Schlacht von Bern)'라 불리며 월드컵 역사상 가장 폭력적인 경기로 남았다.

헝가리가 4:2로 승리했지만, 경기 후 라커 룸에서는 양 팀이 주먹다짐을 벌이는 일이 벌어졌다. 4강전에서 서독은 오스트리아를 6:1로 완파하며 결승에 올라 헝가리와 맞붙게 되었다. 비가 쏟아지는 베른의 방크도르프 슈타디온. 헝가리의 푸슈카시와 치보르가 초반부터 연달아 골을 터뜨리며 먼저 앞서 나갔다. 하지만 서독의 모를로크와 란이 잇따라 득점하며 순식간에 동점을 만들었다. 경기 종료 6분 전, 라디오 중계자 치머만의 전설적인 멘트가 울려 퍼졌다. "…뒤에서 란이 슛해야 합니다!…" 그리고 그 순간, 헬무트 '보스' 란이 쏘아 올린 공은 골망을 가르며 3:2를 만들었고, 서독이 역전승했다. 서독 선수들은 사상 첫 월드컵 우승 보상으로 1,000마르크, 모터사이클 한 대, 식품 바구니, 그리고 텔레비전 한 대를 받았다.

당시 세계 최강으로 꼽히던 헝가리의 페렌츠 푸슈카시는 대회 최고의 스타로 주목받았지만, 부상으로 인해 제 실력을 발휘하지 못했다.

왼쪽부터 주장 프리츠 발터, 호르스트 에켈, 그리고 감독 제프 헤르베르거가 환호하는 팬들의 어깨 위에 들려 경기장을 돌고 있다.

헬무트 란

서독 대표팀의 주장
프리츠 발터

헬무트 란은 결승전에서 두 골을
기록하며 영웅이 되었다.

헝가리의 산도르 코츠시스는
11골로 득점왕(골든슈)을 차지했다.

1954

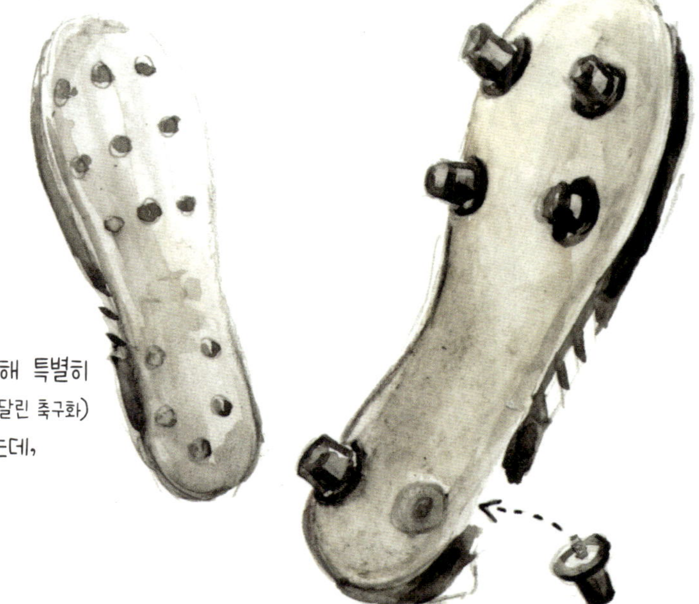

서독 선수단은 비를 대비해 특별히
나사형 스터드(교체식 징이 달린 축구화)
를 직접 설계해 제작했는데,

…결승전 날 염원대로 비가 쏟아졌다.

59

2 3
Unga

1954년 월드컵 우승 팀 서독 선수들
(뒷줄 왼쪽부터 오른쪽): 제프 헤르베르거(감독), 프리츠 발터, 헬무트 란, 요제프 포시팔, 호르스트 에켈, 베르너 리프리히, 오트마어 발터, 한스 셰퍼, 막스 모를로크

서독의 라디오 중계자 **헤르베르트 치머만**은
결승전 중계로 역사에 남았다.

1954년 월드컵은 처음으로
전 세계에 TV로 생중계된 대회였다.

결승전 1954년 7월 4일

서독 3:2 헝가리

장소: 방크도르프 슈타디온, 베른
관중: 64,000명
주심: 윌리엄 링(잉글랜드)

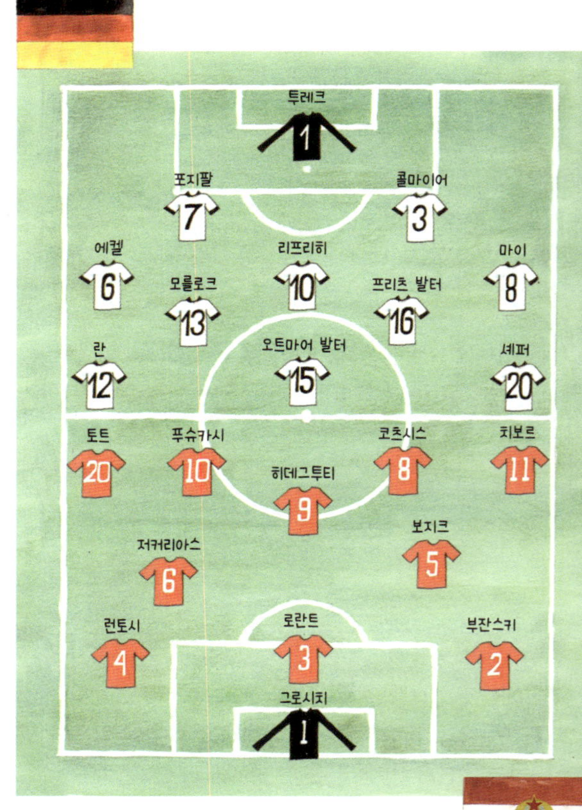

0:1 푸슈카시, 우아하면서도 강력한 슛으로 선제 골

0:2 치보르, 콜마이어와 투레크의 수비 실수를 놓치지 않고 추가 골

1:2 모를로크, 란의 크로스를 받아 밀어넣는다.

2:2 란, 프리츠 발터의 코너킥을 이어받아 동점 골

란, 두 번째 골!
서독을 승리로 이끄는 결승 골

 # 1954년 월드컵 한눈에 보기

1조

날짜	팀	결과	팀
6월 16일	유고슬라비아	1:0	프랑스
6월 16일	브라질	5:0	멕시코
6월 19일	브라질	1:1	유고슬라비아
6월 19일	프랑스	3:2	멕시코

승점: 브라질 3, 유고슬라비아 3, 프랑스 2, 멕시코 0

2조

날짜	팀	결과	팀
6월 17일	서독	4:1	튀르키예
6월 17일	헝가리	9:0	대한민국
6월 20일	헝가리	8:3	서독
6월 20일	튀르키예	7:0	대한민국
6월 23일	서독	7:2	튀르키예

승점: 헝가리 4, 서독 2, 튀르키예 2, 대한민국 0

3조

날짜	팀	결과	팀
6월 16일	오스트리아	1:0	스코틀랜드
6월 16일	우루과이	2:0	체코슬로바키아
6월 19일	우루과이	7:0	스코틀랜드
6월 19일	오스트리아	5:0	체코슬로바키아

승점: 우루과이 4, 오스트리아 4, 체코슬로바키아 0 스코틀랜드 0

4조

날짜	팀	결과	팀
6월 17일	스위스	2:1	이탈리아
6월 17일	잉글랜드	4:4	벨기에
6월 20일	이탈리아	4:1	벨기에
6월 20일	잉글랜드	2:0	스위스
6월 23일	스위스	4:1	이탈리아

승점: 잉글랜드 3, 스위스 2, 이탈리아 2, 벨기에 1

8강

날짜	팀	결과	팀
6월 26일	오스트리아	7:5	스위스
6월 26일	우루과이	4:2	잉글랜드
6월 27일	헝가리	4:2	브라질
6월 27일	서독	2:0	유고슬라비아

4강

날짜	팀	결과	팀
6월 30일	헝가리	4:2	우루과이
6월 30일	서독	6:1	오스트리아

3위 결정전

날짜	팀	결과	팀
7월 3일	오스트리아	3:1	우루과이

결승전			
날짜	팀	결과	팀
7월 4일	서독	3:2	헝가리

우승국: 서독

1954년 월드컵 입장권

베른 영웅들의 귀환

참가국

16개국(38개국 신청)

대회 기간

1954년
6월 16일~7월 4일

총관중

768,607명

(경기당 평균 약 29,562명)

출전 선수

231명

득점

140(경기당 평균 약 5.38)

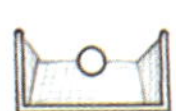

자책골

4골

가장 빠른 골

2분 - 수아트

(튀르키예 vs 서독)

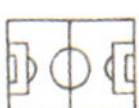

경기

26

가장 득점력이 높은 팀

헝가리(5경기 27골)

득점 순위

11골: 코츠시스(헝가리)
6골: 모를로크(서독), 휘기(스위스)
프롭스트(오스트리아)

퇴장

3명(경기당 평균 0.12명)

최우수 선수 TOP 3

1. 페렌츠 푸슈카시(헝가리)
2. 산도르 코츠시스(헝가리)
3. 프리츠 발터, 헬무트 란(서독)

최고의 골키퍼

그로시치 줄러(헝가리)

1경기 3골 이상 기록자

4골: 코츠시스(헝가리 vs 서독)
3골: 코츠시스(헝가리 vs 대한민국),
부르한(튀르키예 vs 대한민국), 휘기(스위스 vs 오스트리아),
바그너(오스트리아 vs 스위스), 모를로크(서독 vs 튀르키예),
프롭스트(오스트리아 vs 체코슬로바키아),
보르헤스(우루과이 vs 스코틀랜드)

페널티킥

총 7회(6골 성공, 1골 실축)

1958 스웨덴

브라질이 첫 월드컵 우승을 차지하던 순간, 17세의 펠레는 단숨에 세계적인 스타가 되었다.

1958 스웨덴 월드컵

'흑진주', '축구의 왕' — 이보다 더 영예로운 별명이 있을까. 그 주인공은 바로 에드송 아란치스 두 나시멘투, 즉 펠레다. 당시 17세였던 그는 그라운드를 휘어잡으며 전 세계를 열광시켰고, 이 대회를 계기로 '역사상 가장 위대한 축구선수'로 불리게 되었다.

놀랍게도 대회 전, 팀의 심리 상담사는 펠레를 가리켜 "아직 어린아이 같은 성격을 가졌다"라고 평가했다. 1958년 6월 8일부터 29일까지 열린 스웨덴 월드컵에서는 펠레뿐 아니라 소련이 처음으로 월드컵 무대에 등장했고, 영국 4개국(잉글랜드, 스코틀랜드, 웨일스, 북아일랜드)이 나란히 본선에 진출했다. 55개국이 참가 신청을 했고, 그중 14개국이 본선에 올랐다.

이탈리아와 스페인이 탈락하면서, 유럽의 기대는 프랑스에 쏠렸다. 프랑스의 간판 공격수 쥐스트 퐁텐은 서독과의 3위 결정전에서만 4골을 몰아넣었고, 대회 전체에서 무려 13골을 넣어 당대 최고 기록을 세웠다.

스웨덴과 서독의 4강전은 국제 축구가 처음으로 추한 얼굴을 드러낸 경기였다. 1958년 6월 24일, 예테보리의 울레비 경기장은 증오와 전쟁의 언어로 가득했다. 관중석에서는 전쟁을 연상시키는 적개심 어린 구호와 인종차별적 야유가 쏟아졌고, 경기장 안에서는 거친 몸싸움이 이어졌다. 난투극 끝에 에리히 '해머' 유스코비아크가 퇴장당했다. 그는 독일 축구 역사상 첫 번째로 퇴장당한 국가대표 선수로 기록되었다. 이후 서독은 한 명이 부족한 채 경기를 이어가야 했다. 게다가 헝가리 출신 주심의 편파 판정이 이어지면서 독일축구협회(DFB)는 스웨덴이 명백한 이득을 봤다고 주장했다. 서독의 1:3 패배에 대한 분노와 실망은 경기장을 넘어 거리로 번졌다. 독일 관광객들과 현지인들 간의 충돌과 모욕적인 언사는 이후 수년간 긴장의 그림자를 드리웠다.

그 와중에 모든 어둠을 몰아낸 이름이 있었다. 바로 펠레다. 그는 4강전에서 프랑스를 상대로 혼자 해트트릭을 기록하며 5:2 승리를 이끌었다. 결승전에서는 개최국 스웨덴이 경기 시작 4분 만에 선제골을 넣으며 브라질을 흔들었지만, 곧 펠레가 두 골을 터뜨리며 브라질의 역사적인 첫 우승을 이끌어냈다. 펠레는 17세 나이로 단숨에 축구사 최초의 메가스타로 등극한 것이다.

한편 프랑스의 공격수 **쥐스트 퐁텐**은 대회에서 13골을 기록하며 골든 슈(득점왕)를 수상했다. 그의 기록은 지금까지도 깨지지 않은 월드컵 단일 대회 최다 득점 기록으로 남아 있다.

퐁텐의 아름다운 골 — 브라질전에서 터진 명장면이었지만, 승리로 이어지지는 못했다.

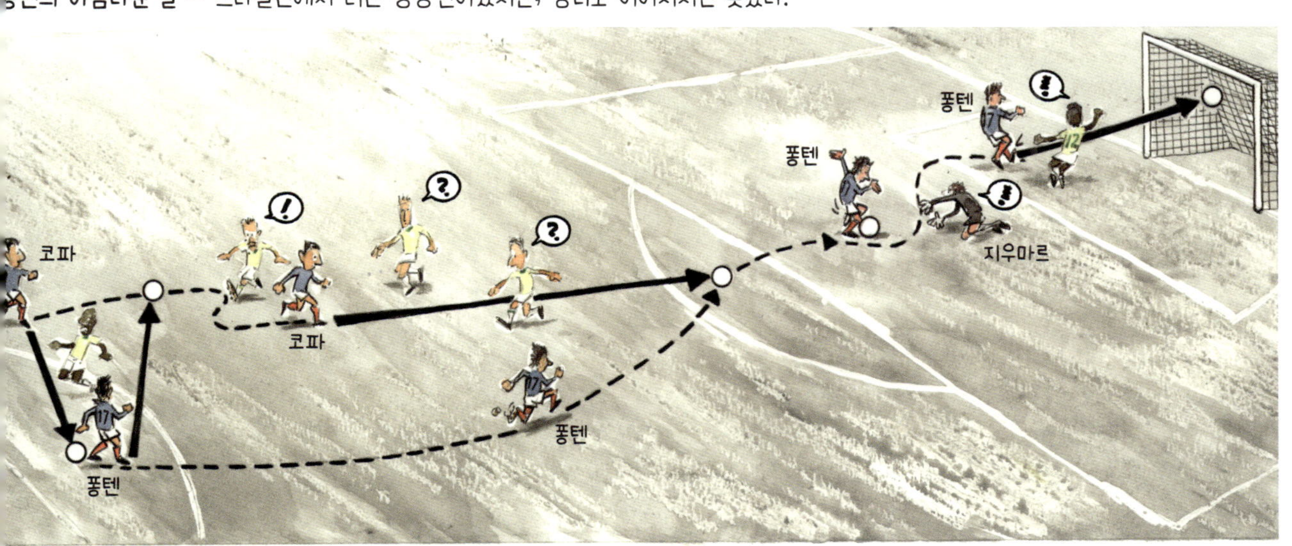

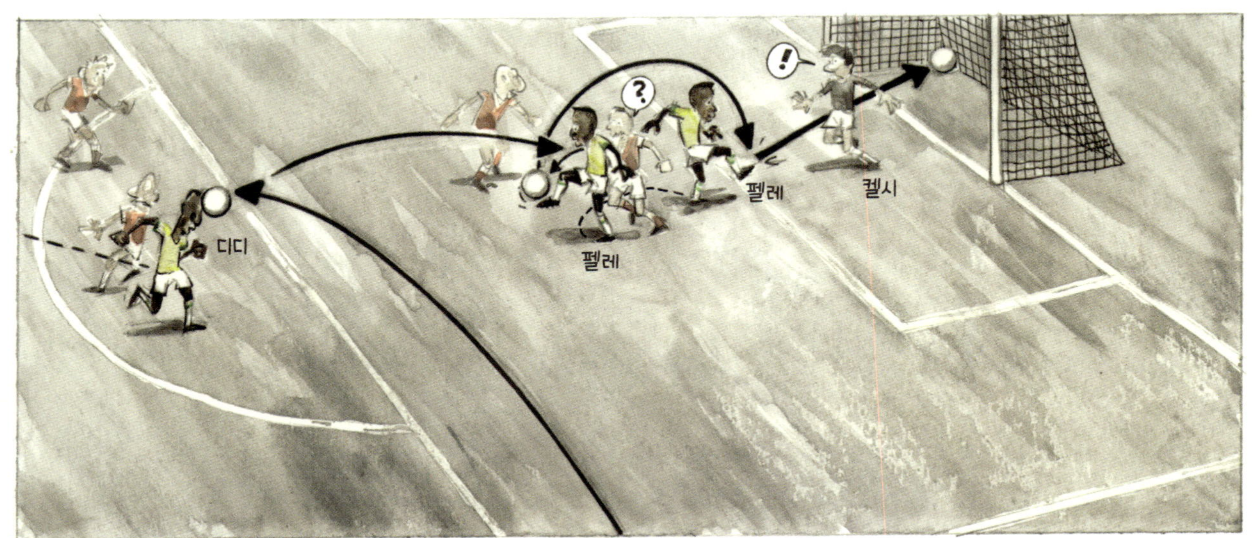

브라질은 웨일스와의 경기에서 10대 스타 펠레의 득점 덕분에 가까스로 승리를 지켜냈다.

스웨덴과의 결승전에서 터진 펠레의 첫 번째 골 — 가슴 트래핑, 부드러운 루프 슛.
이 골은 지금도 역대 월드컵 최고의 골 중 하나로 손꼽힌다.

오른쪽 사진: 에드송 아란치스 두 나시멘투,
혹은 '더 킹', 아니면 그냥 펠레.

ACZEL

BRASIL
CBD

1958년 월드컵 우승 팀 브라질 선수들

(뒷줄 왼쪽부터 오른쪽): 비센치 페올라(감독), 자우마 산투스, 지투, 벨리니, 니우통 산투스, 오를란두, 지우마르

(앞줄): 가린샤, 지지, 펠레, 바바, 자갈루, 아마랄(코치)

결승전이 끝난 뒤, 펠레는 눈물을 터뜨렸다. 그는 곧
세계 최고의 선수로 성장하게 될 운명이었다.

결승전 1958년 6월 29일

스웨덴 2:5 브라질

장소: 로순다 스타디온, 솔나
관중: 51,800명
주심: 모리스 기그(프랑스)

브라질의 감독 비센치 페올라는 당시로서는 혁신적
인 4-2-4 전술 시스템을 고안해 냈다.

0:1 경기 시작 직후, 스웨덴의 리드홀름이 선제골을 넣었다.
4분
9분
1:1 하지만 브라질은 곧바로 반격했다.
2:1 가린샤의 완벽한 크로스를 바바가 마무리하며 역전골을 터뜨렸다.
32분
3:1 펠레가 볼을 가슴으로 트래핑한 뒤…
…띄워 넘기고,
…곧바로 발리슛으로 연결했다.
55분
FÖR HELA FA
4:1 자갈루
68분
4:2 시몬손
80분
5:2 펠레의 헤딩골
90분
HEMM
경기가 종료되고, 펠레는 웃어야 할지, 울어야 할지 몰랐다. 하지만 분명한 것은 축구의 전설이 탄생했다는 것.
브라질, 월드컵 우승!

 1958년 월드컵 한눈에 보기

1조

날짜	팀	결과	팀
6월 8일	아르헨티나	1:3	서독
6월 8일	북아일랜드	1:0	체코슬로바키아
6월 11일	아르헨티나	3:1	북아일랜드
6월 11일	서독	2:2	체코슬로바키아
6월 15일	체코슬로바키아	6:1	아르헨티나
6월 15일	서독	2:2	북아일랜드
6월 17일	북아일랜드	2:1	체코슬로바키아

승점: 서독 4, 북아일랜드 3, 체코슬로바키아 3, 아르헨티나 2

2조

날짜	팀	결과	팀
6월 8일	유고슬라비아	1:1	스코틀랜드
6월 8일	프랑스	7:3	파라과이
6월 11일	유고슬라비아	3:2	프랑스
6월 11일	파라과이	3:2	스코틀랜드
6월 15일	파라과이	3:3	유고슬라비아
6월 15일	프랑스	2:1	스코틀랜드

승점: 프랑스 4, 유고슬라비아 4, 파라과이 3, 스코틀랜드 1

3조

날짜	팀	결과	팀
6월 8일	스웨덴	3:0	멕시코
6월 8일	헝가리	1:1	웨일스
6월 11일	멕시코	1:1	웨일스
6월 12일	스웨덴	2:1	헝가리
6월 15일	스웨덴	0:0	웨일스
6월 15일	헝가리	4:0	멕시코
6월 17일	웨일스	2:1	헝가리

승점: 스웨덴 5, 웨일스 3, 헝가리 3 멕시코 1

4조

날짜	팀	결과	팀
6월 8일	소련	2:2	잉글랜드
6월 8일	브라질	3:0	오스트리아
6월 11일	소련	2:0	오스트리아
6월 11일	브라질	0:0	잉글랜드
6월 15일	브라질	2:0	소련
6월 15일	잉글랜드	2:2	오스트리아
6월 17일	소련	1:0	잉글랜드

승점: 브라질 5, 소련 3, 잉글랜드 3, 오스트리아 1

8강

날짜	팀	결과	팀
6월 19일	브라질	1:0	웨일스
6월 19일	프랑스	4:0	북아일랜드
6월 19일	서독	1:0	유고슬라비아
6월 19일	스웨덴	2:0	소련

4강

날짜	팀	결과	팀
6월 24일	스웨덴	3:1	서독
6월 24일	브라질	5:2	프랑스

3위 결정전

날짜	팀	결과	팀
6월 28일	프랑스	6:3	서독

결승전

날짜	팀	결과	팀
6월 29일	브라질	5:2	스웨덴

우승국: 브라질

1958년 월드컵 입장권

펠레의 서명

참가국
16개국(52개국 신청)

대회 기간
1958년
6월 8일~6월 29일

총관중
819,810명
(경기당 평균 약 23,423명)

출전 선수
246명

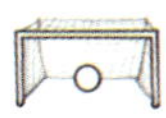

득점
126(경기당 평균 약 3.6)

자책골
없음

가장 빠른 골
75초 - 바바
(브라질 vs 프랑스)

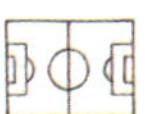

경기
35

가장 득점력이 높은 팀
프랑스
(6경기 23골)

득점 순위
13골: 퐁텐 (프랑스)
6골: 란(서독), 펠레(브라질)

퇴장
3명(경기당 평균 0.09명)

최우수 선수 TOP 3
1. 지지(브라질)
2. 쥐스트 퐁텐(프랑스)
3. 펠레(브라질)

최고의 골키퍼
해리 그레그(북아일랜드)

1경기 3골 이상 기록자
4골: 퐁텐(프랑스 vs 서독)
3골: 퐁텐(프랑스 vs 파라과이)
펠레(브라질 vs 프랑스)

페널티킥
총 8회(7골 성공, 1골 실축)

드림 팀 1958

1962 칠레

가린샤는 수비수들을 완벽히 농락했고, 브라질은
사상 첫 2연속 월드컵 우승국이 되었다.

1962 칠레 월드컵

1962년 칠레 월드컵(5월 30일~6월 17일)은 역사상 가장 폭력적인 대회로 기록되었다. 선수들은 특히 조별 리그에서 무자비한 태클과 거친 플레이를 일삼았고, 그 절정은 이탈리아와 칠레가 주먹다짐까지 벌이며 맞붙었던 이른바 '산티아고의 전투'였다.

이번 대회에는 사상 최대인 56개국이 예선에 참가했고, 16강에는 유럽과 남미, 중미 팀들만 살아남았다. 브라질의 슈퍼스타 펠레는 세계의 기대를 한 몸에 받았지만, 두 번째 조별 리그 경기에서 허벅지 근육 파열을 입고 남은 대회를 벤치에서 지켜볼 수밖에 없었다.

서독은 이미 1958년 월드컵에서 활약상을 보였던 우베 젤러에게 희망을 걸었다. 그는 조별 리그에서 두 골을 기록하며 팀을 조 1위로 이끌었지만, 서독은 4강전에서 유고슬라비아에 0:1로 패하며 탈락했다.

6월 2일 열린 칠레와 이탈리아의 조별 리그 경기는 완전히 통제 불능 상태로 치달았다. 사상 처음으로 본격적인 TV 중계가 이루어진 덕분에, 그 광경은 수많은 가정의 화면을 통해 충격적으로 전달되었다. 믿기 힘든 반칙들이 이어졌고, 잔인한 발길질과 주먹으로 얼굴을 가격해 코뼈가 부러지는 장면이 방송되었다. 경찰이 세 차례에 걸쳐 경기장에 출동했고, 두 명의 이탈리아 선수가 퇴장당했다. 결국 칠레가 2:0으로 승리했지만, 이 경기는 '월드컵 역사상 가장 불공정한 경기'라는 오명을 얻었다.

거친 경기 운영과 때로는 답답할 정도의 수비 위주 전술은 이후 경기들에서도 계속되었다. 그러나 이런 분위기 속에서 브라질의 마네 가린샤에게는 영광의 시간이 찾아왔다. 왼쪽 다리가 오른쪽보다 약 6센티미터 짧았던 그는 부상으로 빠진 펠레를 대신해 공격의 중심 역할을 맡았고, 칠레를 상대로 한 준결승전에서 두 골을 터뜨리며 팀의 4:2 승리를 이끌었다. 비록 경기 중 반칙으로 퇴장당했지만, 결승전에서는 특별히 출전 정지가 해제되어 다시 그라운드에 설 수 있었다.

가린샤는 결승전 득점은 올리지 못했지만, 체코슬로바키아 골키퍼의 두 차례 실수와 브라질 특유의 화려한 패스 플레이 덕분에 경기는 3:1로 마무리되었고, 남미의 브라질은 월드컵 2연패를 달성했다.

'산티아고의 전투' — 칠레의 레오넬 산체스가 이탈리아 선수 두 명을 폭행했음에도, 퇴장당한 쪽은 오히려 이탈리아 선수 조르지오 페리니와 마리오 다비드였다. BBC는 이 경기를 두고 "가장 어리석고, 끔찍하며, 역겨웠던, 수치스러운 축구의 일탈"이라며 맹비난했다. 경기는 칠레가 2:0으로 승리했다. 주심이었던 영국의 켄 애스턴은 훗날 이렇게 회상했다. "그 경기는 도저히 통제할 수 없었다."

펠레는 부상으로 경기장을 절뚝이며 떠났지만, 이후 다시 돌아왔다.

잉글랜드의 **지미 그리브스**는 이번 대회에서 단 한 골만 넣었지만, 브라질전에서 **경기장에 난입한 떠돌이 개**를 직접 잡은 일로 더 유명해졌다. 그 장면을 본 **가린샤**는 너무 재미있어 했고, 결국 그 개를 자신의 **반려견으로** 삼았다.

펠레가 부상으로 빠지자, '작은 새' 가린샤가
그 자리를 대신했다. 그의 드리블과 슈팅은 눈부
시게 화려했고, 심지어 자신보다 20cm나 큰
잉글랜드 수비수 모리스 노먼을 뛰어넘어 헤딩을
성공시키기도 했다.

가린샤는 왼쪽 다리가 오른쪽보다
6cm 짧았다.

가린샤 쇼

1962년 월드컵 우승 팀 브라질 선수들

(뒷줄 왼쪽부터 오른쪽): 아이모레 모레이라(감독), 자우마 산투스, 지투, 지우마르, 조지무, 니우통 산투스, 마우루, 고슬링 박사(팀 닥터)

(앞줄): 아메리코(맛사지사), 가린샤, 지지, 바바, 아마리우두, 자갈루, 이름 미상의 코치

가린샤를 포함한 여섯 명의 선수가 각각 4골씩 기록하며 공동 득점왕(골든슈)을 차지했다. 그들은(아래 왼쪽부터 시계 방향으로) 칠레의 리오넬 산체스, 유고슬라비아의 드라잔 예르코비치, 소련의 발렌틴 이바노프, 헝가리의 플로리안 알베르트 그리고 브라질의 가린샤와 바바였다.

결승전 1962년 6월 17일

브라질 3:1 체코슬로바키아

장소: 에스타디오 나시오날, 산티아고
관중: 68,000명
주심: 니콜라이 라티셰프(소련)

브라질의 감독 아이모레 모레이라는 단순한 철학을 가지고 있었으며, 기존의 4-2-4 전술을 4-3-3 형태로 바꿨다.

펠레는 벤치에서
경기를 지켜봤다.

0 : 1
마소푸스트의 득점
15분

1 : 1
아마리우두가 거의 불가능해 보이는 각도에서
동점골을 터뜨렸다.
17분

2 : 1
지투가 아마리우두의 크로스를
헤딩으로 연결했다.
69분

3 : 1
마지막으로 바바가 세 번째 골을 넣으며
승부에 쐐기를 박았다.
78분
마소푸스트의 득점
월드컵 챔피언: 브라질!

 1962년 월드컵 한눈에 보기

1조

날짜	팀	결과	팀
5월 30일	우루과이	2:1	콜롬비아
5월 31일	소련	2:0	유고슬라비아
6월 2일	유고슬라비아	3:1	우루과이
6월 3일	소련	4:4	콜롬비아
6월 6일	소련	2:1	우루과이
6월 7일	유고슬라비아	5:2	콜롬비아

승점: 소련 5, 유고슬라비아 4, 우루과이 2, 콜롬비아 1

2조

날짜	팀	결과	팀
5월 30일	칠레	3:1	스위스
5월 31일	서독	0:0	이탈리아
6월 2일	칠레	2:0	이탈리아
6월 3일	서독	2:1	스위스
6월 6일	서독	2:0	칠레
6월 7일	이탈리아	3:0	스위스

승점: 서독 5, 칠레 4, 이탈리아 3, 스위스 0

3조

날짜	팀	결과	팀
5월 30일	브라질	2:0	멕시코
5월 31일	체코슬로바키아	1:0	스페인
6월 2일	브라질	0:0	체코슬로바키아
6월 3일	스페인	1:0	멕시코
6월 6일	브라질	2:1	스페인
6월 7일	멕시코	3:1	체코슬로바키아

승점: 브라질 5, 체코슬로바키아 3, 멕시코 2, 스페인 2

4조

날짜	팀	결과	팀
5월 30일	아르헨티나	1:0	불가리아
5월 31일	헝가리	2:1	잉글랜드
6월 2일	잉글랜드	3:1	아르헨티나
6월 3일	헝가리	6:1	불가리아
6월 6일	헝가리	0:0	아르헨티나
6월 7일	잉글랜드	0:0	불가리아

승점: 헝가리 5, 잉글랜드 3, 아르헨티나 3, 불가리아 1

8강

날짜	팀	결과	팀
6월 10일	브라질	3:1	잉글랜드
6월 10일	칠레	2:1	소련
6월 10일	유고슬라비아	1:0	서독
6월 10일	체코슬로바키아	1:0	헝가리

4강

날짜	팀	결과	팀
6월 13일	체코슬로바키아	3:1	유고슬라비아
6월 13일	브라질	4:2	칠레

3위 결정전

날짜	팀	결과	팀
6월 16일	칠레	1:0	유고슬라비아

결승전

날짜	팀	결과	팀
6월 17일	브라질	3:1	체코슬로바키아

1962년 월드컵 입장권

극한 직업: '산티아고 전투'
경기의 주심 신분증

우승국:
브라질

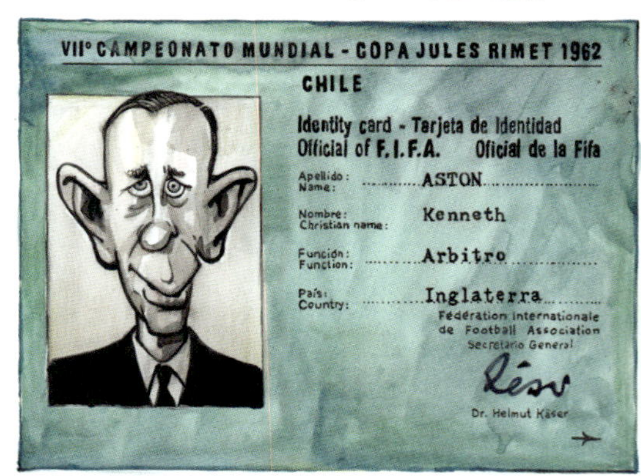

참가국

16개국(54개국 신청)

출전 선수

249명

가장 빠른 골

16초 - 마세크

(체코슬로바키아 vs 멕시코)

득점 순위

4골: 이바노프(소련),
산체스(칠레), 가린샤, 바바(브라질)
알베르트(헝가리), 예르코비치(유고슬라비아)

최고의 골키퍼

빌리암 슈로이프(체코슬로바키아)

대회 기간

1962년
5월 30일~6월 17일

득점

89(경기당 평균 약 2.78)

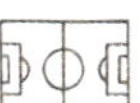

경기

32

퇴장

6명(경기당 평균 0.19명)

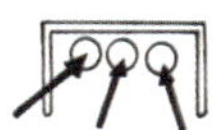

1경기 3골 이상 기록자

3골: 알베르트(헝가리 vs 불가리아)

총관중

893,172명

(경기당 평균 약 27,912명)

자책골

없음

가장 득점력이 높은 팀

브라질

(6경기 14골)

최우수 선수 TOP 3

1. 가린샤(브라질)
2. 요제프 마소푸스트(체코슬로바키아)
3. 바바(브라질)

페널티킥

총 9회(9골 성공)

1966 잉글랜드

마침내 잉글랜드는 "우리가 세계 최고의 팀이다"라고 말할 수 있었다. 그러나 세계는 이렇게 답했다. "잉글랜드는 운이 좋았다."

1966 잉글랜드 월드컵

들어갔는가, 안 들어갔는가? 1966년 월드컵 결승전의 전설적인 '웸블리 골'만큼 공이 골라인을 넘었는지를 두고 열정적으로 논의된 적은 없었다. 그 밖에도 7월 11일부터 30일까지 잉글랜드에서 열린 월드컵 본선은 감정과 놀라움으로 가득한 대회였다. 예를 들어, 한 마리의 작은 개 덕분에 여왕이 월드컵 트로피를 무사히 우승 팀에게 전달할 수 있었다는 일화처럼 말이다.

이번 월드컵은 "Football is coming home! (축구가 고향으로 돌아왔다)"라는 구호 아래 축구의 발상지 잉글랜드가 처음으로 월드컵을 개최한 대회였다. 71개국이 예선에 참가하며 또다시 기록을 세웠고, 본선에서는 예상 밖의 두 팀이 큰 주목을 받았다 — **포르투갈과 북한**. 특히 북한은 대회 불과 2년 전 첫 국제 경기를 치른 신생 팀이었다.

당시 서독 대표팀은 제프 헤르베르거의 뒤를 이은 **헬무트 쇤** 감독의 지휘 아래 무난히 조 1위를 차지했다. 쇤은 이 대회에서 스무 살의 젊은 미드필더이자, 훗날 스타로 등극할 **프란츠 베켄바워**를 기용했다.

1차전 최대의 이변은 **북한이 이탈리아를 꺾고 8강에 진출한 사건**이었다. 게다가 8강전에서 북한은 포르투갈을 상대로 3:0으로 앞서 나갔지만, **에우제비우**가 네 골을 몰아치며 5:3으로 역전승을 거뒀다. 한편 브라질은 부상으로 다시 결장한 **펠레** 없이 힘을 잃고 조별 리그에서 탈락했다.

대회를 더욱 뜨겁게 달군 **월드컵 트로피 도난 사건**도 있었다. 대회 개막 직전 트로피가 사라졌지만, 검은색과 흰색 털이 섞인 잡종견 '피클스(Pickles)'가 산책 도중 트로피를 찾아내며 사건은 극적으로 마무리되었다.

8강전에서 잉글랜드와 서독은 각각 상대 팀 선수의 퇴장 덕분에 준결승에 진출했다. 준결승에서는 베켄바워와 할러의 활약으로 서독이 소련을 2:1로 꺾었고, 잉글랜드는 같은 스코어로 포르투갈을 제압했다. 이제 결승전이 열리는, **웸블리로 향하는 길만 남았다.**

결승전은 정규 시간에 2:2로 끝났지만, 연장 101분에 **제프 허스트의 슛이 크로스바를 맞고 골라인 근처로 떨어졌다.** 주심은 이를 **득점으로 인정했다.** 허스트는 이어 4번째 골을 넣으며 4:2로 승부를 결정지었다. 잉글랜드는 역사상 첫(그리고 현재까지 유일한) 월드컵 우승을 차지했다.

그 논쟁의 골 — 제프 허스트의 두 번째 득점은 과연 골라인을 넘었을까? 이후 수십 년이 지났지만 답은 여전히 분분하다. 소련 출신의 부심은 "넘었다"라고 했고, 주심 고트프리트 딘스트도 그 말에 동의했다.

피클스(개, 사진작가가 아니다)는 런던 남동부에서 도난당한 월드컵 트로피를 찾아낸 영웅이었다.

바비 찰튼은 멕시코전에서 잉글랜드의
이번 대회 첫 골을 기록했다.

포르투갈의 에우제비우는 9골로 득점왕(골든슈)을 차지했다. 그중 4골은 구디슨 파크에서 열린 북한과의 8강전(5:3 승)에서 터졌으며, 그는 팀이 0:3으로 뒤지던 경기를 혼자 힘으로 뒤집었다.

박두익은 이탈리아를 상대로 1:0 승리를 이끄는 결승 골을 넣으며 월드컵 역사상 가장 큰 이변 중 하나를 만들어냈다. 그 한 골로 북한은 8강에 진출했고, 이탈리아 '아주리 군단'은 고개를 숙인 채 귀국해야 했다.

잉글랜드의 감독 알프 램지는 아르헨티나와의 8강전 직후 선수 조지 코헨이 상대 선수와 유니폼을 교환하려 하자 그를 말렸다. 그는 이후 남미 선수들을 두고 "짐승"이라고 말했다.

한편, 멕시코의 골키퍼 안토니오 카르바할은 1966년 대회에서 사상 최초로 다섯 번째 월드컵에 출전한 선수로 기록되었다.

펠레는 불가리아와 포르투갈의 거친 태클에 부상을 입으며 이번 대회를 조기에 마감했다.

바비 찰튼은 준결승 포르투갈전에서 또 한 번 골을 터뜨리며 잉글랜드를 결승으로 이끌었다.

1966년 월드컵 우승 팀 잉글랜드 선수들
(뒷줄 왼쪽부터 오른쪽): 해럴드 셰퍼드슨(코치), 노비 스타일스, 로저 헌트, 고든 뱅크스, 잭 찰튼, 조지 코헨, 레이 윌슨, 알프 램지(감독)
(앞줄): 마틴 피터스, 제프 허스트, 바비 무어, 앨런 볼, 바비 찰튼

강한 남자들도 울 때가 있다. 잉글랜드의 승리가 확정된 순간, 제프 허스트는 잔디 위에 무너져 눈물을 흘렸다.

냉철하고 무감정하다고 알려진 잉글랜드의 감독 알프 램지는 경기 종료 휘슬이 울렸을 때도 벤치에 앉은 채 꼼짝하지 않았다. 그 옆에서 코치 해럴드 셰퍼드슨이 기쁨에 겨워 벌떡 일어나자, 램지는 이렇게 말했다고 한다. "앉아, 해럴드. 나 아무것도 안 보여." 한편, 왼쪽 끝에 서 있던 서독 대표팀 감독 헬무트 쇤은 자신의 팀이 패배했다는 사실을 믿지 못한 채 멍하니 서 있었다.

잉글랜드 감독:
알프 램지

결승전 1966년 7월 30일

잉글랜드 4:2(연장전) 서독

장소: 웸블리 스타디움, 런던
관중: 98,000명
주심: 고트프리트 딘스트(스위스)

0:1 할러 선제골
12분

1:1 허스트 헤딩 골
18분

2:1 피터스 78분

2:2 베버 동점골 89분

3:2 허스트의 골. 과연 공은
완전히 골라인을 넘었을까?
연장전
101분

러시아 부심은 확신에 찼고,
스위스 주심 또한…
…그의 판단에 흔쾌히
동의했다.
골!

4:2 허스트의 해트트릭
120분

잉글랜드의 월드컵 우승!

 1966년 월드컵 한눈에 보기

1조

날짜	팀	결과	팀
7월 11일	잉글랜드	0:0	우루과이
7월 13일	프랑스	1:1	멕시코
7월 15일	우루과이	2:1	프랑스
7월 16일	잉글랜드	2:0	멕시코
7월 19일	우루과이	0:0	멕시코
7월 20일	잉글랜드	2:0	프랑스

승점: 잉글랜드 5, 우루과이 4, 멕시코 2, 프랑스 1

2조

날짜	팀	결과	팀
7월 12일	서독	5:0	스위스
7월 13일	아르헨티나	2:1	스페인
7월 15일	스페인	2:1	스위스
7월 16일	서독	0:0	아르헨티나
7월 19일	아르헨티나	2:0	스위스
7월 20일	서독	**2:1**	스페인

승점: 서독 5, 아르헨티나 5, 스페인 2, 스위스 0

3조

날짜	팀	결과	팀
7월 12일	브라질	2:0	불가리아
7월 13일	포르투갈	3:1	헝가리
7월 15일	헝가리	3:1	브라질
7월 16일	포르투갈	3:0	불가리아
7월 19일	포르투갈	3:1	브라질
7월 20일	헝가리	3:1	불가리아

승점: 포르투갈 6, 헝가리 4, 브라질 2, 불가리아 0

4조

날짜	팀	결과	팀
7월 12일	소련	3:0	북한
7월 13일	이탈리아	2:0	칠레
7월 15일	북한	1:1	칠레
7월 16일	소련	1:0	이탈리아
7월 19일	북한	1:0	이탈리아
7월 20일	소련	2:1	칠레

승점: 소련 6, 북한 3, 이탈리아 2, 칠레 1

8강

날짜	팀	결과	팀
7월 23일	잉글랜드	1:0	아르헨티나
7월 23일	서독	4:0	우루과이
7월 23일	소련	2:1	헝가리
7월 23일	포르투갈	5:3	북한

4강

날짜	팀	결과	팀
7월 25일	서독	2:1	소련
7월 26일	잉글랜드	2:1	포르투갈

3위 결정전

날짜	팀	결과	팀
7월 28일	포르투갈	2:1	소련

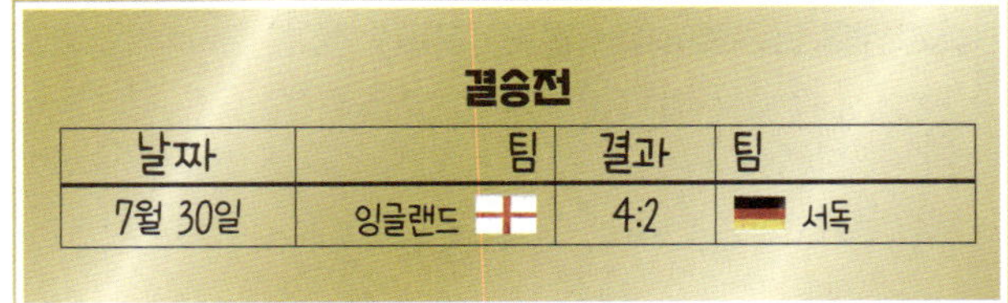

결승전

날짜	팀	결과	팀
7월 30일	잉글랜드	4:2	서독

전설적인 1966년
웸블리 스타디움 입장권

여왕이 바비 무어에게
우승컵을 건네주고 있다.

우승국:
잉글랜드

참가국

16개국 (71개국 신청)

대회 기간

1966년
7월 11일~7월 30일

총관중

1,563,135명

(경기당 평균 약 48,848명)

출전 선수

253명

득점

89 (경기당 평균 약 2.78)

자책골

2

가장 빠른 골

55초 - 박승진

(북한 vs 포르투갈)

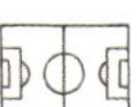

경기

32

가장 득점력이 높은 팀

포르투갈

(6경기 17골)

득점 순위

9골: 에우제비우 (포르투갈)
6골: 할러 (서독)
4골: 허스트 (잉글랜드), 베켄바워 (서독),
포르쿠얀 (소련), 베네 (헝가리)

퇴장

5 (경기당 평균 약 0.16)

최우수 선수 TOP 3

1. 바비 찰튼 (잉글랜드)
2. 에우제비우 (포르투갈)
3. 바비 무어 (잉글랜드)

최고의 골키퍼

고든 뱅크스 (잉글랜드)

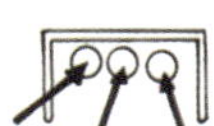

1경기 3골 이상 기록자

4골: 에우제비우 (포르투갈 vs 북한)
3골: 허스트 (잉글랜드 vs 서독)

페널티킥

총 8회 (전부 성공)

베스트 영 플레이어

프란츠 베켄바워
20세 (서독)

ACZEL

1970 멕시코

결승전에서 펠레가 골을 넣은 직후, 자이르지뉴가 환호하며 펠레를 번쩍 들어 올렸다.

1970 멕시코 월드컵

1970년 멕시코 월드컵(5월 31일~6월 21일)은 전문가들이 '역대 최고의 경기'로 꼽는 세 경기가 펼쳐지며 팬들의 기억에 길이 남았다. 이번 대회에서는 처음으로 옐로카드와 레드카드 제도가 도입되었고, 선수 교체도 공식 규정에 포함되었다. 또한 전 경기가 컬러로 TV에 중계되며 한층 더 생생하게 전 세계 안방에 전달되었다.

몇몇 경기는 유럽 팬들이 생중계로 볼 수 있도록 한낮 12시에 시작되었다. 선수들이 무더위 속에서 쓰러질지도 모른다는 우려가 있었지만, 이 대회는 오히려 역사에 남을 명승부를 가득 만들었다.

1966년 조기 탈락 후 은퇴를 선언했던 펠레는 브라질 정부의 강력한 요청에 따라 복귀를 결심했다. 브라질은 조별 리그에서 디펜딩 챔피언 잉글랜드와 맞붙었고, 이 경기는 '전설적인 명승부'로 남았다. 잉글랜드의 골키퍼 고든 뱅크스는 펠레의 완벽한 헤딩슛을 기적 같은 선방으로 막아냈다. 하지만 자이르지뉴가 넣은 골이 브라질의 1:0 승리를 결정지었다.

준결승에서는 1966년 결승전의 주인공들인 서독과 잉글랜드가 다시 만났다. 서독은 경기 종료 20분 전까지 뒤지고 있었지만, 베켄바워가 한 골을 만회하고 젤러가 동점 골을 만들었다. 그리고 연장전이 되자 마침내 '국민 폭격기' 게르트 뮐러의 시간이 왔다. 그가 3:2 역전승을 완성했다. 뮐러는 이미 조별 리그에서도 페루와 불가리아를 상대로 두 번의 해트트릭을 기록했었다.

이 대회의 백미는 지금까지도 '세기의 경기'로 불리는 이탈리아와 서독의 준결승전이었다. 연장전에서 뮐러가 선제골을 넣었지만 이탈리아가 다시 앞서 나갔고, 뮐러는 110분에 동점 골을 만들어냈다. 부상으로 팔을 붕대에 감은 채 뛰었던 베켄바워의 투혼은 이 경기의 상징이 되었다. 그러나 그런 분투에도 불구하고, 서독은 결국 3:4로 패했다. 결승전에서는 이탈리아와 브라질이 맞붙었다. 하지만 '아주리 군단'의 체력은 이미 한계에 도달해 있었다. 펠레는 한 골을 넣고 두 골을 어시스트하며, 4:1 완승을 이끌었다. 브라질은 사상 세 번째 월드컵 우승을 차지했고, '쥘 리메 컵'을 영구 소장할 자격을 얻었다. 이 대회는 펠레의 마지막 월드컵 무대이기도 했다.

브라질의 위대한 선수 펠레는 잉글랜드전 1:0의 극적인 승리 후
잉글랜드 주장 바비 무어와 유니폼을 교환했다.

바비 무어는 그 경기에서 돌진하던 자이르지뉴를 완벽한 태클로 막아내며 관중의 탄성을 자아냈지만…

…결국 펠레의 도움을 받은 자이르지뉴가 결승골을 넣었다.

브라질과 잉글랜드의 경기는 고든 뱅크스의 선방으로도 기억된다. 그 세이브는 역대 모든 월드컵을 통틀어 최고의 장면으로 꼽힌다. 많은 이들이 펠레의 헤딩슛이 골문 안으로 이미 들어갔다고 생각했지만, 뱅크스는 어떻게든 그 공을 골문 위로 쳐냈다.

'골 머신' 게르트 뮐러는 10골을 넣으며 골든슈를 차지했다. 그는 잉글랜드의 두 번째 골키퍼 보네티를 제치고 골을 넣으며 디펜딩 챔피언 잉글랜드를 대회에서 탈락시켰다.

1970년 멕시코 월드컵은 세계 최초로 컬러 TV로 중계된 월드컵이었다.

"축구 황제"
프란츠 베켄바워는 이탈리아와의 준결승에서 쇄골이 부러졌음에도 팔을 붕대에 감은 채 끝까지 뛰었다.

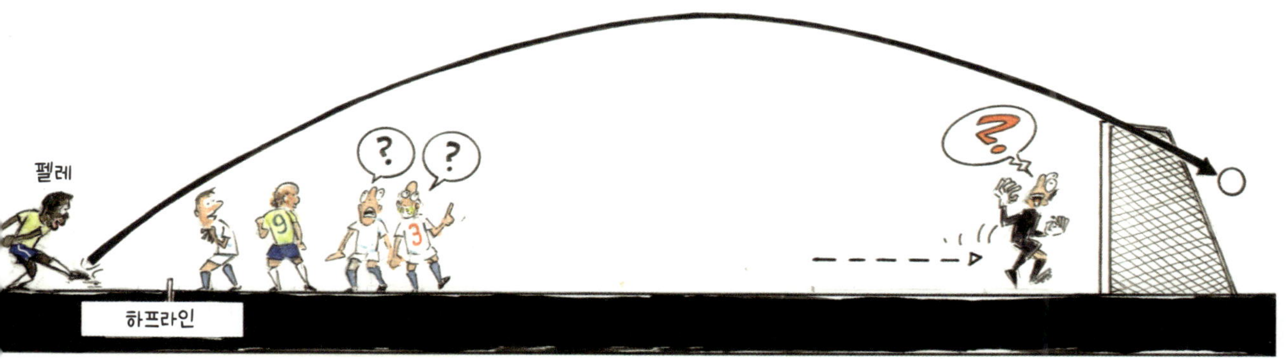

체코슬로바키아전에서 펠레는 하프라인 바로 앞에서 슈팅을 시도했지만, 공은 아쉽게 골대를 살짝 빗나갔다.

또한 우루과이전에서는 골키퍼 라디슬라오 마수르키에비치를 놀라운 페인트로 제쳐냈지만, 빈 골문 앞에서 공이 살짝 빗나가며 전설적인 '실패한 명장면'을 남겼다.

체코전에서 보여준 펠레의 가슴 트래핑과 슛 동작은 지금도 '축구 교과서'로 불릴 만큼 완벽했다.

1970년 월드컵 우승 팀 브라질 선수들
(왼쪽에서 오른쪽): 카를루스 아우베르투, 브리투, 제르송, 피아차, 이베라우두, 토스탕, 클로도아우두,
히벨리누, 펠레, 자이르지뉴, 펠릭스

역대 최고의 월드컵을 완벽히 요약하는 마지막 골.
브라질은 이탈리아에게 주문을 건 듯했다.
펠레가 **카를루스 아우베르투**에게 공을 내주며 4:1
승리를 완성했다.

결승전 1970년 6월 21일

브라질 4:1 이탈리아

장소: 에스타디오 아스테카, 멕시코시티
관중: 107,412명
주심: 루디 글뢰크너(동독)

마리우 자갈루는 선수(1958년, 1962년)와 감독으로 모두 월드컵을
제패한 최초의 인물이 되었다. 그는 경질된 주앙 사우다냐의 뒤를
이어 팀을 이끌었다.

1:0 펠레 — 헤딩골
18분
1:1 보닌세냐 — 동점골
37분
2:1 제르송 — 약 17미터 거리에서 추가 골
65분
3:1 자이르지뉴 — 세 번째 골
71분
4:1 카를루스 아우베르투 — 펠레의 패스를 받아 쐐기 골
86분
브라질은 세계 챔피언이 되었고, 펠레는 '세상의 왕'으로 군림했다.
Pelé

 1970년 월드컵 한눈에 보기

1조

날짜	팀	결과	팀
5월 31일	멕시코	0:0	소련
6월 3일	벨기에	3:0	엘살바도르
6월 6일	소련	4:1	벨기에
6월 7일	멕시코	4:0	엘살바도르
6월 10일	소련	2:0	엘살바도르
6월 11일	멕시코	1:0	벨기에

승점: 소련 5, 멕시코 5, 벨기에 2, 엘살바도르 0

2조

날짜	팀	결과	팀
6월 2일	우루과이	2:0	이스라엘
6월 3일	이탈리아	1:0	스웨덴
6월 6일	우루과이	0:0	이탈리아
6월 7일	스웨덴	1:0	이스라엘
6월 10일	스웨덴	1:0	우루과이
6월 11일	이탈리아	0:0	이스라엘

승점: 이탈리아 4, 우루과이 3, 스웨덴 3, 이스라엘 2

3조

날짜	팀	결과	팀
6월 2일	잉글랜드	1:0	루마니아
6월 3일	브라질	4:1	체코슬로바키아
6월 6일	루마니아	2:1	체코슬로바키아
6월 7일	브라질	1:0	잉글랜드
6월 10일	브라질	3:2	루마니아
6월 11일	잉글랜드	1:0	체코슬로바키아

승점: 브라질 6, 잉글랜드 4, 루마니아 2, 체코슬로바키아 0

4조

날짜	팀	결과	팀
6월 2일	페루	3:2	불가리아
6월 3일	서독	2:1	모로코
6월 6일	페루	3:0	모로코
6월 7일	서독	5:2	불가리아
6월 10일	서독	3:1	페루
6월 11일	불가리아	1:1	모로코

승점: 서독 6, 페루 4, 불가리아 1, 모로코 1

8강

날짜	팀	결과	팀
6월 14일	브라질	4:2	페루
6월 14일	서독	3:2	잉글랜드
6월 14일	이탈리아	4:1	멕시코
6월 14일	우루과이	1:0	소련

4강

날짜	팀	결과	팀
6월 17일	브라질	3:1	우루과이
6월 17일	이탈리아	4:3	서독

3위 결정전

날짜	팀	결과	팀
6월 20일	서독	1:0	우루과이

결승전

날짜	팀	결과	팀
6월 21일	브라질	4:1	이탈리아

1970년 월드컵 입장권

우승국: 브라질

"그 트로피는 우리 브라질의 것이다!" 브라질이 세 번째로 월드컵을 제패하며 쥘 리메 컵을 영구 소유하게 된 다음, 한 신문 1면에 이런 제목의 기사가 실렸다. 하지만 그 트로피는 얼마 지나지 않아 도난당했고, 오늘날까지 여전히 행방이 밝혀지지 않았다.

참가국

16개국 (70개국 신청)

대회 기간

1970년
5월 31일~6월 21일

총관중

1,603,975명

(경기당 평균 약 50,124명)

출전 선수

275명

득점

95 (경기당 평균 약 2.97)

자책골

없음

가장 빠른 골

4분 - 페트라스

(체코슬로바키아 vs 루마니아)

경기

32

가장 득점력이 높은 팀

브라질

(6경기 19골)

득점 순위

10골: 뮐러 (서독)
7골: 자이르지뉴 (브라질)
5골: 쿠비야스 (페루)

페어플레이상

페루

옐로카드

33회 (경기당 평균 약 1.03)

레드카드

없음

최우수 선수 TOP 3

1. 펠레 (브라질)
2. 게르트 뮐러 (서독)
3. 자이르지뉴 (브라질)

최고의 골키퍼

라디슬라오 마수르키에비치

(우루과이)

1경기 3골 이상 기록자

3골: 뮐러 (서독 vs 불가리아),
뮐러 (서독 vs 페루)

페널티킥

총 5회 (전부 성공)

베스트 영 플레이어

테오필로 쿠비야스, 21세 (페루)

1974 서독

게르트 뮐러의 결승전 득점은 그가 월드컵 통산 14골을 기록한 순간이었다.

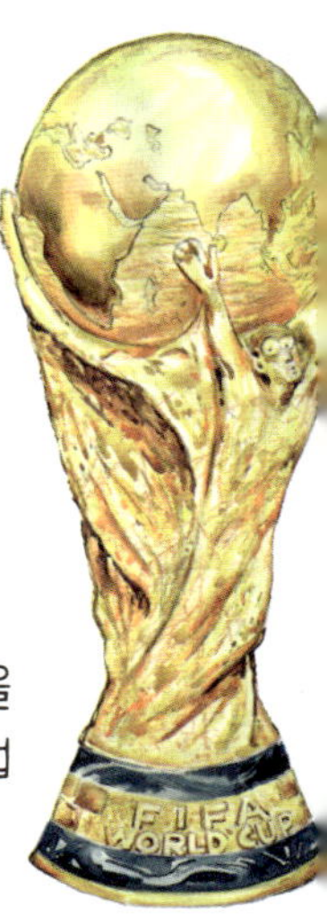

브라질이 세 번째 우승으로 쥘 리메 컵을 영구 소장하게 된 이후 1974년 월드컵 트로피는 새롭게 바뀌었다.

1974 서독 월드컵

브라질이 세 번째 우승으로 쥘 리메 컵을 영구 소유하게 되면서, 1974년부터 새로운 트로피가 도입되었다.

카이저 대 킹, 서독 대 동독, 새 트로피 그리고 첫 번째 승부차기까지… 1974년 6월 13일부터 7월 7일까지 열린 서독 월드컵은 수많은 '처음'의 순간들로 가득했다. 세계 무대에 오렌지군단 네덜란드가 등장한 것도 처음이었다.

"언젠가 내 묘비에 '함부르크 74'라고만 적혀 있어도, 사람들은 내가 누군지 알 거야." 위르겐 슈파르바서의 이 말은 결코 과장이 아니었다. 그는 동독 대표로 출전해 서독과의 유일한 맞대결이었던 1차 조별 리그 경기에서 결승 골을 넣으며 1:0 승리라는 역사적 이변을 만들어냈다. 흥미롭게도 이 결과는 오히려 서독에 유리하게 작용했다. 새로 도입된 2단계 조별 리그 제도 덕분에, 서독은 조 2위로 비교적 쉬운 상대들이 있는 그룹으로 올라갔다.

2차 조별 리그 A조에서 조 1위를 차지한 쪽은 네덜란드였다. 1934년과 1938년에 이어 세 번째 출전이었지만, 이미 유럽 챔피언스컵에서 4연승을 거둔 아약스와 페예노르트 덕분에 그들은 유럽 축구의 새로운 강자로 부상하고 있었다. 이번 대표팀에서도 공격축구로 유명한 페예노르트 출신 7명과 아약스 출신 6명이 포함되었고, 그 중심에는 바르셀로나의 슈퍼스타이자 1999년 '유럽 세기의 선수'로 선정된 요한 크루이프가 있었다.

2차 조별 리그 B조에서 서독은 무난하게 1위를 차지하며 결승에 올랐다. 마지막 경기에서 강팀 폴란드와 상대했는데 폭우가 내린 것이 오히려 유리하게 작용했다. 결승 무대에는 전설적인 멤버들이 섰다. 보루시아 묀헨글라트바흐 소속 5명과 바이에른 뮌헨 소속 7명으로 포크츠, 하인케스, 마이어, 브라이트너, 베켄바워 그리고 뮐러가 그 주역이었다.

서독과 네덜란드의 결승전은 경기 시작 후 2분 만에 역대 가장 빠른 골이 터졌다. 네덜란드가 제프 마이어의 골망을 흔들며 패널티킥으로 먼저 득점했다. 그러나 곧 브라이트너의 패널티킥 동점 골과 곧이어 게르트 뮐러의 2:1 역전 골이 터졌다. 그 스코어는 끝까지 바뀌지 않았다.

'카이저' 프란츠 베켄바워가 '킹' 요한 크루이프를 꺾은 순간이었다. 우승 보너스는 1954년보다 훨씬 후했다. 선수들은 6만 마르크와 폭스바겐 비틀 한 대씩을 받았다.

프랑크푸르트 경기장을 폭우가 뒤덮은 2차 조별 리그 경기에서 서독은 강팀 폴란드를 꺾었다.

폴란드의 그제고시 라토는 7골로 골든슈를 차지했다.

결승 직전, 경기 관계자들은 코너기와 센터라인 표시가 빠져 있어서 깜짝 놀랐다!

매 대회마다 기묘한 일들이 일어났는데, 이 대회에서는 자이르의 음웨푸가 프리킥 신호가 나오기도 전에 튀어나와 공을 걷어차는 황당한 장면이 있었다.

위르겐 슈파르바서의 골은 '형제의 대결'에서 서독을 무너뜨린 한 방이었다. 한편 일부 음모론자들은 "서독이 일부러 패해 더 쉬운 조로 이동했다"라고 주장했다.

'황제' 요한 크루이프는 단연 이번 대회 최고의 선수였다.
그러나 그는 끝내 월드컵 트로피를 들어 올리지 못했다.

네덜란드는 2차 조별 리그에서 아르헨티나를 4:0으로 격파했다. 그 두 번째 골은 완벽한 '크루이프식 클래식'이었다.

크루이프의 턴

브라질전에서 터진 환상적인 발리슛.

1974년 월드컵 우승 팀 서독 선수들
(왼쪽에서 오른쪽): 프란츠 베켄바워, 제프 마이어, 한스게오르크 슈바르첸베크, 라이너 본호프, 베른트 횔첸바인, 위르겐 그라보브스키, 게르트 뮐러, 볼프강 오베라트, 베르티 포크츠, 파울 브라이트너, 울리 회네스

(왼쪽) '오렌지 군단'의 토털 풋볼

(오른쪽) 게르트 뮐러가 결승
골을 넣은 뒤 환호하고 있다.
그 골은 통산 62경기 68골
중 마지막 골이었다.

결승전 1974년 7월 7일

서독 2:1 네덜란드

장소: 뮌헨 올림피아슈타디온
관중: 75,200명
주심: 잭 테일러(잉글랜드)

서독 감독: '키 큰 헬무트 쇤' (키 186cm)

결승전
시작 전,
두 전설
프란츠
베켄바워와
요한
크루이프가
악수했다.

1분
호네스가 크루이프를
넘어뜨리며
패널티킥 선언!

0 : 1
요한
네스켄스
2분

25분
휠첸바인이 반칙을 당하며 서독에도
페널티킥!
17

1 : 1
파울 브라이트너
8

2 : 1
'폭격기' 게르트 뮐러가
몸을 돌려 슛!
그리고 또 한 번
결승 골을 터뜨렸다.

서독, 월드 챔피언 등극!
43분
17

 1974년 월드컵 한눈에 보기

1조

날짜	팀	결과	팀
6월 14일	서독	1:0	칠레
6월 14일	동독	2:0	호주
6월 18일	호주	0:3	서독
6월 18일	칠레	1:1	동독
6월 22일	호주	0:0	칠레
6월 22일	동독	1:0	서독

승점: 동독 5, 서독 4, 칠레 2, 호주 1

2조

날짜	팀	결과	팀
6월 13일	브라질	0:0	유고슬라비아
6월 14일	자이르	0:2	스코틀랜드
6월 18일	스코틀랜드	0:0	브라질
6월 18일	유고슬라비아	9:0	자이르
6월 22일	스코틀랜드	1:1	유고슬라비아
6월 22일	자이르	0:3	브라질

승점: 유고슬라비아 4, 브라질 4, 스코틀랜드 4, 자이르 0

3조

날짜	팀	결과	팀
6월 15일	스웨덴	0:0	불가리아
6월 15일	우루과이	0:2	네덜란드
6월 19일	네덜란드	0:0	스웨덴
6월 19일	불가리아	1:1	우루과이
6월 23일	불가리아	1:4	네덜란드
6월 23일	스웨덴	3:0	우루과이

승점: 네덜란드 5, 스웨덴 4, 불가리아 2, 우루과이 1

4조

날짜	팀	결과	팀
6월 15일	이탈리아	3:1	아이티
6월 15일	폴란드	3:2	아르헨티나
6월 19일	아르헨티나	1:1	이탈리아
6월 19일	아이티	0:7	폴란드
6월 23일	폴란드	2:1	이탈리아
6월 23일	아르헨티나	4:1	아이티

승점: 폴란드 6, 아르헨티나 3, 이탈리아 3, 아이티 0

2차 조별 리그

A조

날짜	팀	결과	팀
6월 26일	네덜란드	4:0	아르헨티나
6월 26일	브라질	1:0	동독
6월 30일	아르헨티나	1:2	브라질
6월 30일	동독	0:2	네덜란드
7월 3일	아르헨티나	1:1	동독
7월 3일	네덜란드	2:0	브라질

승점: 네덜란드 6, 브라질 4, 동독 1, 아르헨티나 1

B조

날짜	팀	결과	팀
6월 26일	유고슬라비아	0:2	서독
6월 26일	스웨덴	0:1	폴란드
6월 30일	폴란드	2:1	유고슬라비아
6월 30일	서독	4:2	스웨덴
7월 3일	폴란드	0:1	서독
7월 3일	스웨덴	2:1	유고슬라비아

승점: 서독 6, 폴란드 4, 스웨덴 2, 유고슬라비아 0

3위 결정전

날짜	팀	결과	팀
7월 6일	브라질	0:1	폴란드

결승전

날짜	팀	결과	팀
7월 7일	네덜란드	1:2	서독

우승국: 서독

1974년 월드컵 입장권

독일 대표팀 단체 버스

참가국
16개국 (99개국 신청)

대회 기간
1974년
6월 13일~7월 7일

총 관중
1,865,753명
(경기당 평균 약 49,099명)

출전 선수
267명

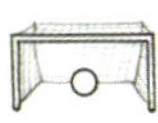
득점
97(경기당 평균 약 2.55)

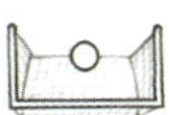
자책골
4

가장 빠른 골
80초 - 네스켄스(네덜란드 vs 서독)

경기
38

가장 득점력이 높은 팀
폴란드
(7경기 16골)

득점 순위
7골: 라토(폴란드)
5골: 샤르마흐(폴란드), 네스켄스(네덜란드)

페어플레이상
서독

옐로카드
87회(경기당 평균 약 2.29)

레드카드
5회(경기당 평균 약 0.13)

최우수 선수 TOP 3
1. 요한 크루이프(네덜란드)
2. 프란프 베켄바워(서독)
3. 그제고시 라토(폴란드),
   요한 네스켄스(네덜란드)

최고의 골키퍼
제프 마이어 (서독)

1경기 3골 이상 기록자
3골: 바예비치(유고슬라비아 vs 자이르),
   샤르마흐(폴란드 vs 아이티)

페널티킥
총 8회(6골 성공, 2골 방어)

베스트 영 플레이어
브와디스와프 주무다,
20세(폴란드)

1978 아르헨티나

종이 폭풍. 1978년 아르헨티나 월드컵은 경기장 관중석에서 쏟아져 내리던 수많은 잘린 종이 조각들이 함께 기억난다.

1978 아르헨티나 월드컵

서독은 타이틀 방어를 위해 자신만만하게 아르헨티나로 향했다(6월 1일~25일). 우도 위르겐스의 히트곡 「Buenos Dias Argentina」가 국가대표팀의 합창 버전으로 라디오를 가득 채웠지만, '코르도바의 수치' 이후 서독은 "부에노스 디아스"가 아닌 "아디오스"를 남기고 돌아가야 했다. 반면 개최국 아르헨티나는 어떻게 해서든 우승을 노렸고, 그 과정에는 다소 씁쓸한 뒷맛이 남았다.

첫 논란은 스웨덴과 브라질의 경기에서 일어났다. 심판이 휘슬을 부는 순간, 브라질의 결승 골이 공중을 가르며 골문으로 날아가고 있었지만 득점은 인정되지 않았다.

더 큰 비극은 서독에 닥쳤다. 조별 리그에서 멕시코를 6:0으로 대파했지만, 폴란드·튀니지와의 두 경기에서는 모두 0:0 무승부에 그쳤다. 2차 조별 리그에서도 무승부 두 번을 기록한 뒤, 마지막 경기에서 이미 탈락이 확정된 오스트리아를 대승으로 꺾어야만 준결승 진출이 가능했다. 그러나 결과는 정반대였다. 오스트리아가 코르도바에서 3:2로 승리하자, 서독은 집으로 돌아갈 수밖에 없었다.

한편, 준우승 팀 네덜란드는 완벽한 경기력을 보였다. 아리에 한의 27미터 중거리 슈팅이 이탈리아의 골망을 흔들며 팀을 결승으로 이끌었다. 아르헨티나도 결승에 올랐지만, 그 과정은 공정성 논란으로 얼룩졌다. 아르헨티나는 결승 진출을 위해 브라질보다 나은 득실 차를 확보해야 했고, 이를 위해 페루를 4골 차 이상으로 이겨야 했다. 실제 결과는 6:0이었다. 그래서 현재까지도 군사 정권이 페루 측에 압력을 행사했다는 의혹이 끊이지 않는다. 게다가 그날 페루의 골키퍼는 공교롭게도 아르헨티나 출신이었는데, 그날따라 형편없는 경기력을 보였다.

그런 배경 속에서 맞은 결승전, 부에노스아이레스의 경기장은 팽팽한 긴장으로 가득했다. 아르헨티나는 경기 중 시간 끌기로 다시 비난을 받았지만, 결과는 경기력으로 증명됐다. '처형자(El Matador)' 마리오 켐페스가 두 골을 넣으며 3:1 승리를 이끌었고, 아르헨티나는 자국 역사상 첫 월드컵 우승을 차지했다. 4년 뒤, 켐페스는 자신의 등번호 10번을 또 다른 천재에게 넘겼다. 그 천재는 4년 후 월드컵을 제패한 마라도나였다.

'엘 마타도르' 마리오 켐페스는 결승전 득점으로 온 아르헨티나를 하나로
만들었다. 그는 이 대회에서 총 6골을 넣으며 골든슈(득점왕)를 차지했다.

아치 게밀

아치 게밀이 네덜란드를 상대로 넣은 골은, 실망스러웠던 스코틀랜드의 대회 결과 가운데 단 한 줄기 희망이었다.

1,000번째 골

로프 렌센브링크가 스코틀랜드전에서 넣은 페널티킥은 월드컵 통산 1,000번째 골로 기록됐다.

웨일스 출신 심판 클라이브 토머스는 규칙 적용에 지나치게 엄격했다. 그는 브라질과 스웨덴 경기에서 지쿠의 헤딩골이 공중에 날아가는 순간 휘슬을 불어 경기를 종료시켰고, 그 골은 결국 인정되지 않았다.

1978년에는 한 팀이 두 번째로 자국 유니폼을 입지 못한 사례가 나왔다. 흑백 TV 방송 때문에 프랑스의 유니폼이 헝가리와 구분되지 않자, 프랑스는 현지 클럽 아틀레티코 킴벌리(마르델플라타)의 유니폼을 빌려 입고 경기에 나섰다.

아르헨티나 감독 루이스 메노티는 당시 17세의 **디에고 마라도나**를 22인 명단에서 제외하며 모두를 충격에 빠뜨렸다.

아리에 한의 27미터 중거리 슛은 디노 조프를
완전히 속이며 이탈리아 대신 네덜란드를 결승
으로 이끌었다.

조프는 또 한 번 놀랐다. 3위 결정전
에서 브라질의 넬리뉴가 놀라운 감아
차기 골로 승리를 결정지은 것이다.

아르헨티나 주장 다니엘 파사레야는 월드컵 트로피를 높이 들어 올렸고, 그 순간 온 나라가 열광의 도가니로 빠져들었다.

ARGENTINA '78

1978년 월드컵 우승 팀 아르헨티나 선수들

(뒤쪽 왼쪽부터): 다니엘 파사레야, 다니엘 베르토니, 호르헤 올긴, 알베르토 타란티니, 마리오 켐페스, 우발도 피욜
(앞줄): 아메리코 가예고, 오스발도 아르딜레스, 레오폴도 루케, 오스카르 오르티스, 루이스 갈반

아르헨티나 6:0 페루

아르헨티나가 결승에 오르려면 페루를 최소 4:0으로 이겨야 했다. 그런데 실제로는 6:0으로 대승을 거뒀다. 그러자 사람들은 페루의 골키퍼였던 라몬 키로가 그 경기가 열린 로사리오 출신의 아르헨티나인이었다는 사실 때문에 결과를 의심하지 않을 수 없었다.

결승전 1978년 6월 25일

아르헨티나 3:1 (연장) 네덜란드

장소: 에스타디오 모누멘탈 안토니오 베스푸치 리베르티, 부에노스 아이레스
관중: 71,483명
주심: 세르지오 고넬라 (이탈리아)

연기를 내뿜으며 지휘하던 감독 루이스 메노티, 일명 '엘 플라코(El Flaco, 마른 사람)'. 그는 남미의 자유분방함과 유럽식 조직력을 완벽히 섞어냈다.

1:0

켐페스, 네덜란드 수비진을 뚫고 아르헨티나의 선제골을 터뜨린다.

1:1

나닝가, 헤딩으로 네덜란드의 동점골을 성공시킨다.

렌센브링크의 숏이 골 포스트를 맞고 튀어 나온다.

연장전
2:1

다시 켐페스!

3:1

베르토니가 켐페스와의 원투 패스(투-앤드-고)로 세 번째 골

 1978년 월드컵 한눈에 보기

1조

날짜	팀	결과	팀
6월 2일	이탈리아	2:1	프랑스
6월 2일	아르헨티나	2:1	헝가리
6월 6일	이탈리아	3:1	헝가리
6월 6일	아르헨티나	2:1	프랑스
6월 10일	프랑스	3:1	헝가리
6월 10일	이탈리아	1:0	아르헨티나

승점: 이탈리아 6, 아르헨티나 4, 프랑스 2, 헝가리 0

2조

날짜	팀	결과	팀
6월 1일	서독	0:0	폴란드
6월 2일	튀니지	3:1	멕시코
6월 6일	서독	6:0	멕시코
6월 6일	폴란드	1:0	튀니지
6월 10일	서독	0:0	튀니지
6월 10일	폴란드	3:1	멕시코

승점: 폴란드 5, 서독 4, 튀니지 3, 멕시코 0

3조

날짜	팀	결과	팀
6월 3일	스웨덴	1:1	브라질
6월 3일	오스트리아	2:1	스페인
6월 7일	오스트리아	1:0	스웨덴
6월 7일	브라질	0:0	스페인
6월 11일	브라질	1:0	오스트리아
6월 11일	스페인	1:0	스웨덴

승점: 오스트리아 4, 브라질 4, 스페인 3, 스웨덴 1

4조

날짜	팀	결과	팀
6월 3일	네덜란드	3:0	이란
6월 3일	페루	3:1	스코틀랜드
6월 7일	스코틀랜드	1:1	이란
6월 7일	네덜란드	0:0	페루
6월 11일	스코틀랜드	3:2	네덜란드
6월 11일	페루	4:1	이란

승점: 페루 5, 네덜란드 3, 스코틀랜드 3, 이란 1

2차 조별 리그 — A조

날짜	팀	결과	팀
6월 14일	서독	0:0	이탈리아
6월 14일	네덜란드	5:1	오스트리아
6월 18일	이탈리아	1:0	오스트리아
6월 18일	서독	2:2	네덜란드
6월 21일	네덜란드	2:1	이탈리아
6월 21일	오스트리아	3:2	서독

승점: 네덜란드 5, 이탈리아 3, 서독 2, 오스트리아 2

B조

날짜	팀	결과	팀
6월 14일	브라질	3:0	페루
6월 14일	아르헨티나	2:0	폴란드
6월 18일	폴란드	1:0	페루
6월 18일	아르헨티나	0:0	브라질
6월 21일	브라질	3:1	폴란드
6월 21일	아르헨티나	6:0	페루

승점: 아르헨티나 5, 브라질 5, 폴란드 2, 페루 0

3위 결정전

날짜	팀	결과	팀
6월 24일	브라질	2:1	이탈리아

결승전

날짜	팀	결과	팀
6월 25일	아르헨티나	3:1	네덜란드

우승국: 아르헨티나

1978년 월드컵 입장권

에스타디오 모누멘탈에 걸린 전광판:
'아르헨티나 챔피언!'

144

참가국

16개국(106개국 신청)

대회 기간

1978년
6월 1일~6월 25일

총관중

1,545,791명
(경기당 평균 약 40,679명)

출전 선수

278명

득점

102(경기당 평균 약 2.68)

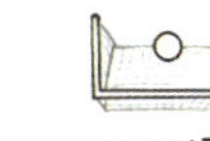

자책골

3

가장 빠른 골

31초 - 베르나르 라콩브(프랑스 vs 이탈리아)

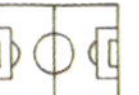

경기

38

가장 득점력이 높은 팀

아르헨티나와
네덜란드(각 7경기 15골)

득점 순위

6골: 켐페스(아르헨티나)
5골: 쿠비야스(페루),
렌센브링크(네덜란드)

페어플레이상

아르헨티나

옐로카드

58회(경기당 평균 약 1.53)

레드카드

3회(경기당 평균 약 0.08)

최우수 선수 TOP 3

1. 마리오 알베르토 켐페스
   (아르헨티나)
2. 테오필로 쿠비야스(페루)
3. 로프 렌센브링크(네덜란드)

최고의 골키퍼

우발도 피욜(아르헨티나)

1경기 3골 이상 기록자

3골: 렌센브링크
(2골은 페널티킥, 네덜란드 vs 이란),
쿠비야스(2골은 페널티킥, 페루 vs 이란)

페널티킥

총 14회

(12골 성공, 2골 실축)

베스트 영 플레이어

안토니오 카브리니, 20세(이탈리아)

드림 팀 1978

GO
ACZEL

1982 스페인

이탈리아는 서독을 3:1로 꺾고 세 번째 월드컵 우승을 차지했다. 마르코 타르델리는 두 번째 골을 넣은 뒤 환상적인 세리머니 질주를 펼쳤다.

1982 스페인 월드컵

아이러니하게도 조별 리그에서 인상적이지 못했던 두 팀이 스페인 월드컵(6월 13일~7월 11일) 결승에서 만나게 됐다. 그리고 외모로만 보면 왜소한 이탈리아 스트라이커가 이 대회에서 자신의 전설을 완성했다.

이번 대회에서는 처음으로 24개 팀이 본선에 진출했다. 1974·1978 대회 준우승 팀 네덜란드는 충격적으로 본선행에 실패했다. 서독도 첫 경기에서 알제리에 1:2로 패하며 팬들을 실망시켰다.

그리고 조별 리그 오스트리아와의 경기는 '스캔들'급 경기였다. 서독이 한 골을 넣고 1:0만 유지하면 두 팀 모두 나란히 2라운드 진출이 가능한 상황이었다. 바로 악명 높은 '히혼의 수치(The Disgrace of Gijón)'였다. 서독이 초반 득점 후 서로 경기가 마치 멈춘 듯 굼벵이처럼 흘러갔고, 두 팀 간 담합 의혹은 끝내 해명되지 않았다.

이탈리아도 단 한 번도 이기지 못하고 조 2위로 올라간 팀이었으니 그리 나을 것은 없었다. 하지만 다음 상대는 우승 후보 브라질이었다. 브라질은 자신들의 공격축구에 대한 믿음으로 수비를 소홀히 했고, 그 무모함의 대가를 치렀다. 파올로 로시가 3골을 몰아넣으며 이탈리아가 3:2로 승리했다. 로시는 이 경기와 대회 전체에서 전설을 써 내려갔다.

서독과 프랑스의 준결승은 축구 역사에 남을 비극이었다. 후반 57분, 골키퍼 하랄트 슈마허가 단독 돌파한 파트리크 바티스통의 턱을 팔꿈치로 치는 바람에 바티스통은 기절한 채 쓰러졌다. 프랑스 언론은 슈마허를 두고 즉시 "추악한 독일인"이라는 이미지를 만들어냈다. 이후 경기도 난투극에 가까웠다. 연장전에서 프랑스가 3:1로 앞섰지만, 루메니게와 피셔가 동점 골을 넣어 승부차기로 돌입했고 월드컵 역사상 첫 승부차기에서 서독이 이겼다.

지친 서독은 결승에서 이탈리아를 상대했다. 전반을 득점 없이 버텼지만 후반 시작과 함께 로시에게 선제골을 허용하며 무너졌다. 브라이트너가 만회골을 넣긴 했지만 이미 승부는 기울어 있었고, 이탈리아가 3:1로 우승하는 것을 막을 수 없었다.

40세에 시작되는 인생! 이탈리아 주장 디노 조프는 40살에
월드컵 우승을 차지하며 수백만 남성들의 '롤모델'이 되었다.

쿠웨이트 축구협회 회장 파하드 알-아흐마드 알-사바흐는 논란을 일으킨 프랑스의 골이 인정되자 자기 팀을 아예 경기장에서 끌고 나갔고, 결국 심판이 득점을 취소했다.

벨루미의 멋진 골로 알제리는 서독을 2:1로 꺾는 충격적인 이변을 일으켰다.

하지만 이후 서독은 오스트리아와 '형편없는 경기'를 펼친 뒤 버젓이 다음 라운드에 올랐다. 독일은 1:0으로만 이기면 올라갈 수 있었고, 이미 다음 라운드 진출이 확정된 오스트리아도 굳이 열심히 뛸 이유가 없었다. 그 결과가 바로 악명 높은 '히혼의 불가침 합의'다.

브라질은 이번 대회의 최대 우승 후보였다. 그러나 방심한 수비가 우승까지 앗아갔다. 세레주의 패스 미스는 로시의 두 번째 골로 이어졌다.

로시는 초반엔 부진했지만 결국 6골을 넣어 골든슈를 획득했다. 그는 승부조작 사건으로 2년간 출장정지를 당한 뒤 극적으로 돌아온 선수였다.

준결승에서 서독 골키퍼는 프랑스의 바티스통을
사실상 '제압'하며 명백한 득점 기회를 끊었다.
바티스통은 산소호흡기를 착용해야 했고, 동료인
미셸 플라티니는 그가 "죽은 줄 알았다"라고 말
할 정도였다. 바티스통이 앞니 세 개가 부러졌
다는 소식을 들은 슈마허가 "그게 전부라면, 내
가 크라운을 해 주겠다" 하고 말했다는 유명한
논란의 멘트도 이때 나왔다. 그런데도 네덜란드
인 심판 코르버는 단순 골킥만 선언했다!

ACZEL

1982년 월드컵 우승 팀 이탈리아 선수들
(뒤줄, 왼쪽부터): 디노 조프, 프란체스코 그라치아니, 주세페 베르고미, 가에타노 시레아, 풀비오 콜로바티, 클라우디오 젠틸레
(앞줄): 브루노 콘티, 파올로 로시, 가브리엘레 오리알리, 안토니오 카브리니, 마르코 타르델리

프랑스 주장 미셸 플라티니는 세계 최고 수준의 선수였지만 월드컵 최고의 순간은 결국 서독과의 준결승 '패배'였다.

엔초 베아르초트 감독은 이탈리아스럽지 않은 공격축구 철학으로 팀을 세 번째 우승으로 이끌었다.

결승전 1982년 7월 11일

이탈리아 3:1 서독

장소: 에스타디오 산티아고 베르나베우, 마드리드
관중: 90,000
주심: 아르날도 세자르 코엘류(브라질)

24분
브리겔이 콘티를
쓰러뜨린 장면 - PK!

하지만 카브리니가 실축한다.

1:0 로시의 헤딩슛
57분
cakulators
Gillette Gillette

2:0
타르델리
69분

3:0 알토벨리
82분
COCA-CO

3:1 브라이트너의 만회골
83분

 1982년 월드컵 한눈에 보기

1조

날짜	팀	결과	팀
6월 14일	이탈리아	0:0	폴란드
6월 15일	페루	3:0	카메룬
6월 18일	이탈리아	1:1	페루
6월 19일	폴란드	0:0	카메룬
6월 22일	폴란드	5:1	페루
6월 23일	이탈리아	1:1	카메룬

승점: 폴란드 4, 이탈리아 3, 카메룬 3, 페루 2

2조

날짜	팀	결과	팀
6월 16일	서독	1:2	알제리
6월 17일	칠레	0:1	오스트리아
6월 20일	서독	4:1	칠레
6월 21일	알제리	0:2	오스트리아
6월 24일	알제리	3:2	칠레
6월 25일	서독	1:0	오스트리아

승점: 서독 4, 오스트리아 4, 알제리 4, 칠레 0

3조

날짜	팀	결과	팀
6월 13일	아르헨티나	0:1	벨기에
6월 15일	헝가리	10:1	엘살바도르
6월 18일	아르헨티나	4:1	헝가리
6월 19일	벨기에	1:0	엘살바도르
6월 22일	벨기에	1:1	헝가리
6월 23일	아르헨티나	2:0	엘살바도르

승점: 벨기에 5, 아르헨티나 4, 헝가리 3, 엘살바도르 0

4조

날짜	팀	결과	팀
6월 16일	잉글랜드	3:1	프랑스
6월 17일	체코슬로바키아	1:1	쿠웨이트
6월 20일	잉글랜드	2:0	체코슬로바키아
6월 21일	프랑스	4:1	쿠웨이트
6월 24일	프랑스	1:1	체코슬로바키아
6월 25일	잉글랜드	1:0	쿠웨이트

승점: 잉글랜드 6, 프랑스 3, 체코슬로바키아 2, 쿠웨이트 1

5조

날짜	팀	결과	팀
6월 16일	스페인	1:1	온두라스
6월 17일	유고슬라비아	0:0	북아일랜드
6월 20일	스페인	2:1	유고슬라비아
6월 21일	온두라스	1:1	북아일랜드
6월 24일	온두라스	0:1	유고슬라비아
6월 25일	북아일랜드	1:0	스페인

승점: 북아일랜드 4, 스페인 3, 유고슬라비아 3, 온두라스 2

6조

날짜	팀	결과	팀
6월 14일	브라질	2:1	소련
6월 15일	스코틀랜드	5:2	뉴질랜드
6월 18일	브라질	4:1	스코틀랜드
6월 19일	소련	3:0	뉴질랜드
6월 22일	소련	2:2	스코틀랜드
6월 23일	브라질	4:0	뉴질랜드

승점: 브라질 6, 소련 3, 스코틀랜드 3, 뉴질랜드 0

2차 조별 리그

A조

날짜	팀	결과	팀
6월 28일	폴란드	3:0	벨기에
7월 1일	벨기에	0:1	소련
7월 4일	폴란드	0:0	소련

승점: 폴란드 3, 소련 3, 벨기에 0

B조

날짜	팀	결과	팀
6월 29일	서독	0:0	잉글랜드
7월 2일	서독	2:1	스페인
7월 5일	스페인	0:0	잉글랜드

승점: 서독 3, 잉글랜드 2, 스페인 1

C조

날짜	팀	결과	팀
6월 29일	이탈리아	2:1	아르헨티나
7월 2일	아르헨티나	1:3	브라질
7월 5일	이탈리아	3:2	브라질

승점: 이탈리아 4, 브라질 2, 아르헨티나 0

D조

날짜	팀	결과	팀
6월 29일	오스트리아	0:1	프랑스
7월 1일	오스트리아	2:2	북아일랜드
7월 4일	프랑스	4:1	북아일랜드

승점: 프랑스 4, 오스트리아 1, 북아일랜드 1

4강

날짜	팀	결과	팀
7월 8일	폴란드	0:2	이탈리아
7월 8일	서독	3:3(연장전) 5:4(승부차기)	프랑스

3위 결정전

날짜	팀	결과	팀
7월 10일	폴란드	3:2	프랑스

결승전

날짜	팀	결과	팀
7월 11일	이탈리아	3:1	서독

우승국: 이탈리아

1982년 월드컵 입장권

참가국

24개국(107개국 신청)

대회 기간

1982년
6월 13일~7월 11일

총관중

2,109,723명

(경기당 평균 약 40,572명)

출전 선수

396명

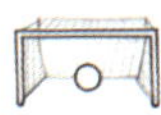

득점

146(경기당 평균 약 2.81)

자책골

1

가장 빠른 골

27초 - 브라이언 롭슨

(잉글랜드 vs 프랑스)

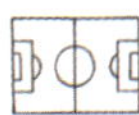

경기

52

가장 득점력이 높은 팀

프랑스(7경기 16골)

득점 순위

· 골든슈, 6골 - 파올로 로시(이탈리아)
· 실버슈, 5골 - 카를 하인츠 루메니게(서독)
· 브론즈슈, 4골- 지쿠(브라질)

페어플레이상

브라질

옐로카드

98회(경기당 평균 약 1.88)

레드카드

5회(경기당 평균 약 0.1)

최우수 선수 TOP 3

· 골든볼 - 파올로 로시(이탈리아)
· 실버볼- 파우캉(브라질)
· 브론즈볼- 카를 하인츠
루메니게(서독)

최고의 골키퍼

디노 조프(이탈리아)

1경기 3골 이상 기록자

3골: 루메니게(서독 vs 칠레),
키시 라즐로(헝가리 vs 엘살바도르),
보니에크(폴란드 vs 벨기에),
로시(이탈리아 vs 브라질)

페널티킥

총 10회(8골 성공, 2골 실축)

베스트 영 플레이어

마누엘 아모로스, 21세(프랑스)

드림 팀 1982

DIEGO
(10)
ACZEL

1986 멕시코

거의 일당백으로 월드컵 우승을 이루어낸 마라도나
는 아르헨티나인들에게 축구의 신이었다. 하지만
그가 늘 강조한 건 단 하나였다.
— "Somos todos(우리 모두의 승리다)."

1986 멕시코 월드컵

멕시코 월드컵(5월 31일~6월 29일)은 상징적인 숫자 10번과 함께 기억된다. 이 대회는 바로 그 '10번', 디에고 아르만도 마라도나의 쇼였다. 어쩌면 신조차 그의 손을 빌렸다는 말이 나올 정도로.

서독은 조별 리그에서 만만치 않았다. 상대는 마라도나가 아니라, 월드컵에 처음 **출전한 약체 덴마크였다.** 그러나 덴마크는 서독을 2:0으로 완파하며 세상을 놀라게 했다. 16강에서도 서독은 고전했다. **모로코전에서 무승부 위기를 겪었으나, 로타어 마테우스의 프리킥 한 방**이 팀을 구하며 간신히 8강에 진출했다.

브라질과 아르헨티나는 여유롭게 8강에 올라왔고, 프랑스는 이탈리아를 꺾는 충격적인 승리로 주목받았다. 그리고 8강에서 플라티니와 티가나, 두 마에스트로가 이끌었던 프랑스가 '삼바 군단' 브라질을 상대로 공세적인 경기를 펼쳤다. 연장전도 1:1로 끝이 났지만, 결국 승부차기에서 프랑스가 승리했다!

하지만 진정한 역사가 쓰인 경기는 아르헨티나와 잉글랜드의 8강전이었다. 후반 51분, 잉글랜드의 골키퍼 피터 쉴튼이 높이 뜬 공을 잡으려는 순간, 키 165cm의 마라도나가 솟구쳐 손으로 공을 살짝 밀어 넣었다. 그는 경기 후 이렇게 말했다. "신의 손이 한 일이었죠." 20년 뒤, 그는 웃으며 인정했다. "사실 내 손이었어." 하지만 그로부터 불과 4분 뒤, 그는 화려한 스프린트로 영국 선수들을 따돌리며 2:0을 만들어 냈다. 이는 세기의 월드컵 골이었다.

산소가 희박한 고산지대에서도 놀라운 체력을 보여준 서독은 결국 결승까지 올랐다. 마테우스가 마라도나를 전담 마크하며 고립시켰지만, 아르헨티나는 2:0으로 앞서 나갔다. 그러나 15분을 남기고, 루메니게와 푈러가 연속골을 넣으며 2:2 동점을 만들었다. 경기가 끝나기 직전, 아르헨티나는 마라도나의 완벽한 스루패스를 통해 3:2로 승리의 꿈을 이루었다. 두 번째 월드컵 챔피언이 된 것이다!

신의 손

마라도나의 두 번째 골은 예술의 경지였다. 자신의 진영에서 공을 몰고 나오며 피터 비어즐리,
피터 리드를 지나 잉글랜드의 골대로 향했다. 아즈테카 스타디움의 관중들은 숨을 죽였다.

그는 테리 부처와 테리 펜윅을 제치고 피터 쉴튼까지 따돌리며 골망을 흔들었다. 이 승리는
포클랜드 전쟁 패배 후 침체에 빠져 있던 아르헨티나 국민에게 거대한 위로가 되었다.

잉글랜드의 게리 리네커는 대회에서 6골을 기록하며 골든슈(득점왕)를 차지했다.

이 대회에서 처음 등장한 '멕시코 파도타기(La Ola)'는 이후 전 세계 모든 경기장의 상징이 되었다.

31번째 생일을 맞은 미셸 플라티니는 브라질전 승부차기 직전, 공에 입을 맞췄다.
그런 세레모니에도 불구하고 그의 슛은 크로스바를 넘겼다. 프랑스는 4:3으로 승리했지만,
준결승에서 또 한 번 서독에 막혔다.

1986년 월드컵 우승 팀 아르헨티나 선수들

(뒤쪽 왼쪽부터): 세르히오 바티스타, 호세 쿠치우포, 훌리오 올라르티코에체아, 네리 품피도, 호세 브라운, 오스카 루게리, 디에고 마라도나

(앞줄): 호르헤 부루차가, 리카르도 지우스티, 엑토르 엔리케, 호르헤 발다노

마라도나는 벨기에전에서도 또다시 단독 드리블 돌파로 골을 기록했다.

카를로스 빌라르도 감독은 지나치게 수비적인 전술로
비판받았지만, 우승 후에는 모두가 그를 찬양했다.

결승전 1986년 6월 29일

아르헨티나 3:2 서독

장소: 에스타디오 아스테카, 멕시코시티
관중: 114,600명
주심: 로물라도 아르피 필류(브라질)

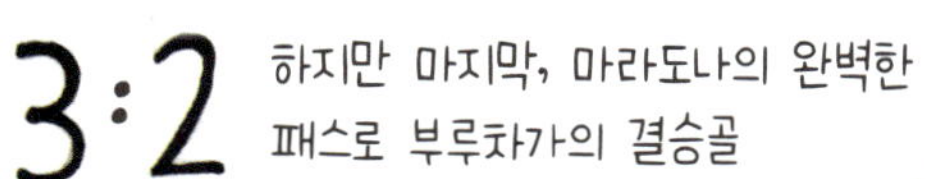

3:2 하지만 마지막, 마라도나의 완벽한
패스로 부루차가의 결승골

 1986년 월드컵 한눈에 보기

A조

날짜	팀	결과	팀
5월 31일	불가리아	1:1	이탈리아
6월 2일	아르헨티나	3:1	대한민국
6월 5일	이탈리아	1:1	아르헨티나
6월 5일	대한민국	1:1	불가리아
6월 10일	아르헨티나	2:0	불가리아
6월 10일	대한민국	2:3	이탈리아

승점: 아르헨티나 5, 이탈리아 4, 불가리아 2, 대한민국 1

B조

날짜	팀	결과	팀
6월 3일	벨기에	1:2	멕시코
6월 4일	파라과이	1:0	이라크
6월 7일	멕시코	1:1	파라과이
6월 8일	이라크	1:2	벨기에
6월 11일	파라과이	2:2	벨기에
6월 11일	이라크	0:1	멕시코

승점: 멕시코 5, 파라과이 4, 벨기에 3, 이라크 0

C조

날짜	팀	결과	팀
6월 1일	캐나다	0:1	프랑스
6월 2일	소련	6:0	헝가리
6월 5일	프랑스	1:1	소련
6월 6일	헝가리	2:0	캐나다
6월 9일	소련	2:0	캐나다
6월 9일	헝가리	0:3	프랑스

승점: 소련 5, 프랑스 5, 헝가리 2, 캐나다 0

D조

날짜	팀	결과	팀
6월 1일	스페인	0:1	브라질
6월 3일	알제리	1:1	북아일랜드
6월 6일	브라질	1:0	알제리
6월 7일	북아일랜드	1:2	스페인
6월 12일	북아일랜드	0:3	브라질
6월 12일	알제리	0:3	스페인

승점: 브라질 6, 스페인 4, 북아일랜드 1, 알제리 1

E조

날짜	팀	결과	팀
6월 4일	우루과이	1:1	서독
6월 4일	스코틀랜드	0:1	덴마크
6월 8일	서독	2:1	스코틀랜드
6월 8일	덴마크	6:1	우루과이
6월 13일	덴마크	2:0	서독
6월 13일	스코틀랜드	0:0	우루과이

승점: 덴마크 6, 서독 3, 우루과이 2, 스코틀랜드 1

F조

날짜	팀	결과	팀
6월 2일	모로코	0:0	폴란드
6월 3일	포르투갈	1:0	잉글랜드
6월 6일	잉글랜드	0:0	모로코
6월 7일	폴란드	1:0	포르투갈
6월 11일	포르투갈	1:3	모로코
6월 11일	잉글랜드	3:0	폴란드

승점: 모로코 4, 잉글랜드 3, 폴란드 3, 포르투갈 2

16강

날짜	팀		결과	팀	
6월 15일	멕시코		2:0		불가리아
6월 15일	소련		3:4		벨기에
6월 16일	브라질		4:0		폴란드
6월 16일	아르헨티나		1:0		우루과이
6월 17일	이탈리아		0:2		프랑스
6월 17일	모로코		0:1		서독
6월 18일	잉글랜드		3:0		파라과이
6월 18일	덴마크		1:5		스페인

8강

날짜	팀		결과	팀	
6월 21일	브라질		1:1 (연장전) 3:4 (승부차기)		프랑스
6월 21일	서독		0:0 (연장전) 4:1 (승부차기)		멕시코
6월 22일	아르헨티나		2:1		잉글랜드
6월 22일	스페인		1:1 (연장전) 4:5 (승부차기)		벨기에

4강

날짜	팀		결과	팀	
6월 25일	프랑스		0:2		서독
6월 25일	아르헨티나		2:0		벨기에

3위 결정전

날짜	팀		결과	팀	
6월 28일	프랑스		4:2		벨기에

결승전

날짜	팀		결과	팀	
6월 29일	아르헨티나		3:2		서독

1986년 월드컵 입장권

우승국:
아르헨티나

참가국

24개국 (121개국 신청)

대회 기간

1986년
5월 31일~6월 29일

총관중

2,394,031명

(경기당 평균 약 46,039명)

출전 선수

413명

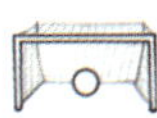

득점

132 (경기당 평균 약 2.54)

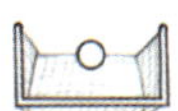

자책골

1

가장 빠른 골

63초 - 부트라게뇨

(스페인 vs 북아일랜드)

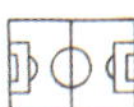

경기

52

가장 득점력이 높은 팀

아르헨티나 (7경기 14골)

득점 순위

· 골든슈, 6골-
게리 리네커 (잉글랜드)
· 실버슈, 5골- 에밀리오 부트라게뇨
(스페인) - 카레카 (브라질)
- 디에고 마라도나 (아르헨티나)

페어플레이상

브라질

옐로카드

133회 (경기당 평균 약 2.56)

레드카드

8회 (경기당 평균 약 0.15)

최우수 선수 TOP 3

· 골든볼- 디에고 마라도나 (아르헨티나)
· 실버볼- 하랄트 슈마허 (서독)
· 브론즈볼- 프레벤 엘케어 라르센 (덴마크)

최고의 골키퍼

디노 조프 (이탈리아)

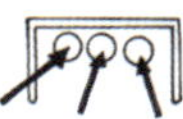

1경기 3골 이상 기록자

4골: 부트라게뇨 (스페인 vs 덴마크)
3골: 엘케어 라르센 (덴마크 vs 우루과이),
리네커 (잉글랜드 vs 폴란드),
벨라노프 (소련 vs 벨기에)

페널티킥

총 14회 (12골 성공, 2골 실축)

베스트 영 플레이어

엔초 시포, 20세 (벨기에)

드림 팀 1986

G
12

1990 이탈리아

서독은 1986년의 패배를 되갚았다. 결승전에서 안드레아스 브레메가 페널티킥 한 방으로 아르헨티나를 꺾고, 기억에 오래 남지는 않았지만 값진 승리를 거뒀다.

1990 이탈리아 월드컵

독일 축구 팬들에게 잊히지 않는 장면이 있다. 경기가 끝난 후 로마 올림피코 경기장 한가운데 홀로 서 있는 프란츠 베켄바워의 모습이다. '황제(Kaiser)'라 불린 그는 선수로 한 번, 감독으로 한 번, 역사상 두 번째 월드컵 우승을 거머쥐었다.

서독 대표팀은 이번 대회(6월 8일~7월 8일) 티켓을 가까스로 얻었지만, 조별 리그에서는 안정적인 경기력으로 **압도적인 승리**를 거두며 무난히 1위를 차지했다.

이번 대회의 진짜 주인공은 카메룬이었다. 개막전에서 디펜딩 챔피언 아르헨티나를 1:0으로 제압하더니, 이후 소련까지 꺾으며 돌풍을 일으켰다. 그들은 월드컵 역사상 **최초로 8강에 진출한 아프리카 팀**이 되었다. 그리고 38세의 스트라이커 **로저 밀라**가 골을 넣을 때마다 코너 깃발 앞에서 춤을 추었던 장면은 전 세계 팬들의 미소를 자아내며 이번 월드컵의 잊히지 않는 장면이 되었다. 그는 사실, 대회 직전 은퇴를 고민하다 다시 불려 나온 선수였다.

반면, 네덜란드는 실망스러웠다. 조별 리그에서 세 경기 연속 무승부를 거두며 겨우 16강에 진출했다. 하지만 그 경기에서 끓던 분노가 폭발했다. 루디 푈러는 네덜란드의 프랑크 레이카르트가 뱉은 침에 맞았고, 두 선수 모두 퇴장당했다. 브라질 역시 아르헨티나에 패하며 16강에서 탈락하며 조기에 귀국했다. 이탈리아는 반대로 이전까지 무명이던 공격수 살바토레 스킬라치(유벤투스)를 앞세워 승승장구했다. 그는 여섯 골을 터뜨리며 대회 득점왕을 차지하고 '아주리 군단'을 준결승까지 이끌었다.

8강은 4경기 중 3경기가 페널티킥으로 갈렸다. 그리고 이 기운은 준결승까지 이어졌다. 아르헨티나와 이탈리아, 서독과 잉글랜드 간에 벌어진 두 경기 모두 연장 후 승부차기로 결판이 났다. 결국 결승전에서는 서독과 아르헨티나가 다시 마주했다. 월드컵 역사상 세 번째 연속 결승 진출이라는 기록과 함께 4년 전의 패배에 대한 복수를 할 수 있는 기회였다. 그리고 또다시 페널티킥이 운명을 갈랐다. 후반 85분, 안드레아스 '안디' 브레메의 정확한 슛이 골망을 흔들었다. 그 한 골이 서독의 세 번째 우승을 확정지었다. 이 대회는 경기당 평균 득점 2.21골로 가장 골이 적었던 월드컵으로 남았지만, 그럼에도 축구사에는 여러 장면들이 남았다.

카메룬의 로저 밀라는 다소 밋밋했던 이번 월드컵에서 가장 눈에 띄는 존재였다. 38세의 나이에 은퇴 직전 불려 나온 그는, 골을 넣을 때마다 마치 젊은 선수처럼 기쁨의 춤을 추며 환호했다.

오맘비크는 디펜딩 챔피언 아르헨티나를 상대로 극적인 결승골을 터뜨렸다. 카메룬은 두 명이 퇴장당해 9명으로 경기를 마쳤지만, 그날 그들은 기적을 만들어냈다.

콜롬비아의 골키퍼 레네 이기타는 카메룬과의 16강전에서 드리블로 상대를 제치려다 로저 밀라에게 공을 빼앗겨 실점하며, 결국 자멸하고 말았다. 그 결과 카메룬은 아프리카 팀 최초로 월드컵 8강 진출이라는 역사적인 기록을 세웠다.

이탈리아의
로베르토 바조는
체코슬로바키아의 수비를
단독 드리블로 돌파하며 이번 대회의
가장 아름다운 골을 기록했다.

서독의 주장 로타어 마테우스는 유고슬라비아
전에서 두 골을 터뜨리며 팀을 이끌었고, 결국
세 번째 월드컵 우승을 달성했다.

1990년 월드컵의 씁쓸한 장면 중 하나는, 네덜란드의 프랑크 레이카르트가 서독의 루디 필러에게
침을 뱉는 추태를 보인 사건이었다. 결국 두 선수 모두 퇴장당했다.

클라우디오 카니자는 나폴리에서 열린 4강전에서 아르헨티나의 동점 골을 넣었고,
경기는 결국 승부차기 끝에 남미 팀의 승리로 끝났다.

살바토레 '토토' 스킬라치는 이번 대회에서
6골을 기록하며 골든슈(득점왕)를 차지했지만,
준결승 내내 자신이 반복적으로
오프사이드 판정을 받은 이유를
이해할 수 없었다.

1990년 월드컵 우승 팀 서독 선수들

(뒤쪽 왼쪽부터): 홀거 오지크(코치), 프란츠 베켄바우어(팀 감독), 클라우스 아우겐탈러, 슈테판 로이터, 위르겐 클린스만, 프랑크 밀, 기도 부흐발트, 폴 슈타이너, 토마스 베르톨트, 안드레아스 쾨프케, 위르겐 콜러, 안드레아스 묄러, 한스 플뤼글러, 베르티 포크츠(코치)

(앞줄): 피에르 리트바르스키, 올라프 톤, 마이어(골키퍼 코치), 안드레아스 브레메, 로타어 마테우스, 카를하인츠 리들레, 보도 일그너,
우베 바인, 귄터 헤르만, 루디 푈러, 토마스 헤슬러, 라이몬트 아우만

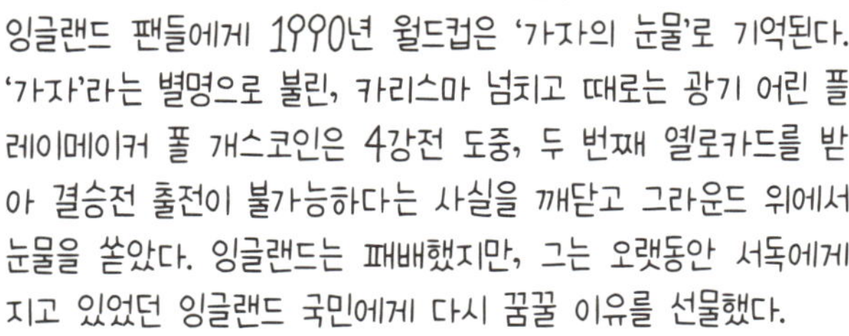

잉글랜드 팬들에게 1990년 월드컵은 '가자의 눈물'로 기억된다. '가자'라는 별명으로 불린, 카리스마 넘치고 때로는 광기 어린 플레이메이커 폴 개스코인은 4강전 도중, 두 번째 옐로카드를 받아 결승전 출전이 불가능하다는 사실을 깨닫고 그라운드 위에서 눈물을 쏟았다. 잉글랜드는 패배했지만, 그는 오랫동안 서독에게 지고 있었던 잉글랜드 국민에게 다시 꿈꿀 이유를 선물했다.

결승전 1990년 7월 8일

서독 1 : 0 아르헨티나

스타디오 올림피코, 로마
관중: 73,603명
주심: 에드가르도 코데살 멘데스(멕시코)

프란츠 베켄바워는 서독을 승리로 이끌며, 브라질의 마리우 자갈루에 이어 선수이자 감독으로 월드컵을 제패한 두 번째 인물이 되었다.

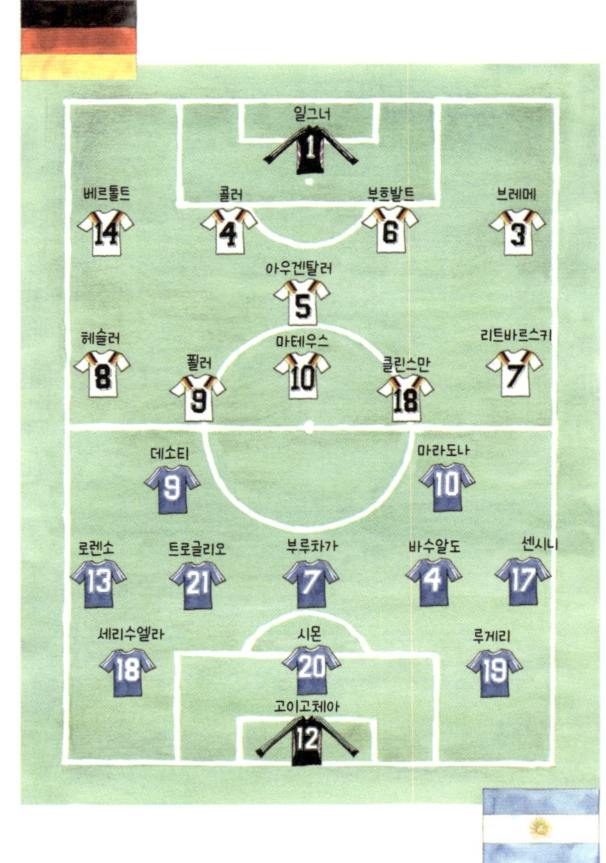

고오오올!

브레메는 동료들의 포옹 세례 속에 거의
짓눌릴 정도로 환호를 받았다.

 1990년 월드컵 한눈에 보기

A조

날짜	팀	결과	팀
6월 9일	이탈리아	1:0	오스트리아
6월 10일	미국	1:5	체코슬로바키아
6월 14일	이탈리아	1:0	미국
6월 15일	오스트리아	0:1	체코슬로바키아
6월 19일	이탈리아	2:0	체코슬로바키아
6월 19일	오스트리아	2:1	미국

승점: 이탈리아 6, 체코슬로바키아 4, 오스트리아 2, 미국 0

B조

날짜	팀	결과	팀
6월 8일	아르헨티나	0:1	카메룬
6월 9일	소련	0:2	루마니아
6월 13일	아르헨티나	2:0	소련
6월 14일	카메룬	2:1	루마니아
6월 18일	아르헨티나	1:1	루마니아
6월 18일	카메룬	0:4	소련

승점: 카메룬 4, 루마니아 3, 아르헨티나 3, 소련 2

C조

날짜	팀	결과	팀
6월 10일	브라질	2:1	스웨덴
6월 11일	코스타리카	1:0	스코틀랜드
6월 16일	브라질	1:0	코스타리카
6월 16일	스웨덴	1:2	스코틀랜드
6월 20일	브라질	1:0	스코틀랜드
6월 20일	스웨덴	1:2	코스타리카

승점: 브라질 6, 코스타리카 4, 스코틀랜드 2, 스웨덴 0

D조

날짜	팀	결과	팀
6월 9일	아랍에미리트	0:2	콜롬비아
6월 10일	서독	4:1	유고슬라비아
6월 14일	유고슬라비아	1:0	콜롬비아
6월 15일	서독	5:1	아랍에미리트
6월 19일	서독	1:1	콜롬비아
6월 19일	유고슬라비아	4:1	아랍에미리트

승점: 서독 5, 유고슬라비아 4, 콜롬비아 3, 아랍에미리트 0

E조

날짜	팀	결과	팀
6월 12일	벨기에	2:0	대한민국
6월 13일	우루과이	0:0	스페인
6월 17일	대한민국	1:3	스페인
6월 17일	벨기에	3:1	우루과이
6월 21일	벨기에	1:2	스페인
6월 21일	대한민국	0:1	우루과이

승점: 스페인 5, 벨기에 4, 우루과이 3, 대한민국 0

F조

날짜	팀	결과	팀
6월 11일	잉글랜드	1:1	아일랜드 공화국
6월 12일	네덜란드	1:1	이집트
6월 16일	잉글랜드	0:0	네덜란드
6월 17일	아일랜드 공화국	0:0	이집트
6월 21일	잉글랜드	1:0	이집트
6월 21일	아일랜드 공화국	1:1	네덜란드

승점: 잉글랜드 4, 아일랜드 공화국 3, 네덜란드 3, 이집트 2

16강

날짜	팀	결과	팀
6월 23일	카메룬	2:1	콜롬비아
6월 23일	체코슬로바키아	4:1	코스타리카
6월 24일	브라질	0:1	아르헨티나
6월 24일	서독	2:1	네덜란드
6월 25일	아일랜드 공화국	0:0(연장전) 5:4(승부차기)	루마니아
6월 25일	이탈리아	2:0	우루과이
6월 26일	스페인	1:2	유고슬라비아
6월 26일	잉글랜드	1:0	벨기에

8강

날짜	팀	결과	팀
6월 30일	유고슬라비아	0:0(연장전) 2:3(승부차기)	아르헨티나
6월 30일	이탈리아	1:0	아일랜드 공화국
7월 1일	서독	1:0	체코슬로바키아
7월 1일	잉글랜드	3:2	카메룬

4강

날짜	팀	결과	팀
7월 3일	이탈리아	1:1(연장전) 3:4(승부차기)	아르헨티나
7월 4일	서독	1:1(연장전) 4:3(승부차기)	벨기에

3위 결정전

날짜	팀	결과	팀
7월 7일	이탈리아	2:1	잉글랜드

결승전

날짜	팀	결과	팀
7월 8일	서독	1:0	아르헨티나

우승국: 서독

1990년 월드컵 입장권

참가국
24개국 (112개국 신청)

대회 기간
1990년
6월 8일~7월 8일

총관중
2,516,215명
(경기당 평균 약 48,389명)

출전 선수
414명

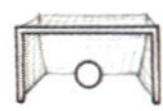

득점
115 (경기당 평균 약 2.21)

자책골
없음

가장 빠른 골
5분 - 수시치 (유고슬라비아 vs 아랍에미리트)

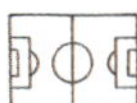

경기
52

가장 득점력이 높은 팀
독일 (7경기 15골)

득점 순위
· 골든슈, 6골 - 살바토레 스킬라치
(이탈리아)
· 실버슈, 5골 - 토마시 스쿠흐라비
(체코슬로바키아)
· 브론즈슈, 4골 - 로저 밀라
(카메룬) - 게리 리네커 (잉글랜드)

페어플레이상
잉글랜드

옐로카드
163회 (경기당 평균 약 3.13)

레드카드
16회 (경기당 평균 약 0.31)

최우수 선수 TOP 3
· 골든볼 - 살바토레 스킬라치 (이탈리아)
· 실버볼 - 로타어 마테우스 (서독)
· 브론즈볼 - 디에고 마라도나 (아르헨티나)

최고의 골키퍼
루이스 가벨로 코네호 (코스타리카),
세르히오 고이코체아 (아르헨티나)

1경기 3골 이상 기록자
3골: 미첼 (스페인 vs 대한민국),
스쿠흐라비 (체코슬로바키아 vs 코스타리카)

페널티킥
총 18회
(13골 성공, 3골 실축, 2골 방어)

베스트 영 플레이어
로베르트 프로시네치키,
21세 (유고슬라비아)

드림 팀 1990

adidas

1994 미국

로베르토 바조는 마지막 승부차기를 실축한 뒤 고개를 떨군 채 서 있었다. 반면 브라질의 골키퍼 **타파레우**는 믿기지 않는 듯 두 팔을 치켜들었다.

1994 미국 월드컵

야구와 농구의 나라, 미국에서 열린 월드컵(6월 17일~7월 17일)은 처음엔 회의적인 시선으로 시작되었다. 그러나 360만 명이 넘는 관중이 9개 도시의 경기장을 가득 채우며 모든 의심을 잠재웠다. 동유럽 팀들에게는 이번 대회가 깜짝 돌풍의 무대였고, 준우승 팀에게는 심리치료가 필요할 만큼 잊지 못할 대회로 남았다.

월드컵 역사상 가장 많은 143개국이 예선에 참가한 대회였다. 보스턴에서 올랜도에 이르는 9개 도시에서 열린 52경기를 약 360만 명의 관중이 지켜보며, 또 하나의 신기록을 세웠다. 잉글랜드와 프랑스는 본선 진출에 실패했지만, 소련 해체 이후 러시아가 처음으로 독립 국가 자격으로 출전했다.

베르티 포크츠 감독이 이끄는 독일 대표팀은 어렵게 조 1위를 차지했지만, 대한민국과의 경기에서는 거의 무너질 뻔했다. 관중들의 거센 야유에 분노한 미드필더 슈테판 에펜베르크는 관중석을 향해 손가락 욕설을 날렸고, '사냥개' 포크츠 감독에게 즉시 퇴출당했다.

러시아와 카메룬의 조별 리그 경기에서는 올레크 살렌코가 무려 5골을 터뜨리며 지금까지 깨지지 않은 월드컵 한 경기 최다 득점 기록을 세웠다. 그러나 러시아는 결국 조별 리그에서 탈락했다. 한편, '발칸의 마라도나' 게오르게 하지가 이끄는 루마니아는 16강에서 아르헨티나를 꺾는 대이변을 일으켰다. '진짜' 마라도나는 도핑 양성 반응으로 대회에서 퇴출된 상태였다. 루마니아는 다음 라운드에서 스웨덴과 승부차기 끝에 패하며 여정을 마쳤다.

불가리아 역시 돌풍의 주인공이었다. 에이스 흐리스토 스토이치코프와 당시 함부르크 SV 소속이던 요르단 레치코프의 활약으로 8강에서 디펜딩 챔피언 독일을 2:1로 꺾었다.

한편, 브라질은 호마리우와 베베투라는 두 특급 공격수를 앞세워 결승까지 올랐다. 이탈리아는 로베르토 바조의 다섯 골 덕분에 가시밭길 같은 여정을 뚫고 올라왔다.

그리고 마침내 월드컵 역사상 첫 승부차기 결승전이 열렸고, 브라질이 승리하며 네 번째 월드컵 우승을 차지했다. 결정적인 페널티킥을 실축한 비극의 주인공은 바조였다. 그는 이 트라우마를 수년 후에야 심리치료를 통해 극복할 수 있었다.

호마리우, 결승 승부차기 성공 후 트로피를 끌어안다.

베베투, 네덜란드전 득점 후 갓 태어난 아기를 재우는 제스처 세리머니로 전 세계를 미소 짓게 했다. 동료 마지뉴와 호마리우도 그와 함께 팔을 흔들었다.

개막식에서는 가수 **다이애나 로스**가 페널티킥을 날렸지만 골대를 완전히 빗나갔다. 이 월드컵이 미국에게 어떤 의미였는지 상징적으로 보여준 장면이었다.

불가리아–멕시코전은 너무 격렬해서 골대 기둥이 꺾여 교체되는 진풍경까지 벌어졌다.

사에드 알 오와이란의 벨기에전 슬라롬 드리블 골은 "마라도나가 봤다면 기뻐했을 것"이라는 찬사를 받았다.

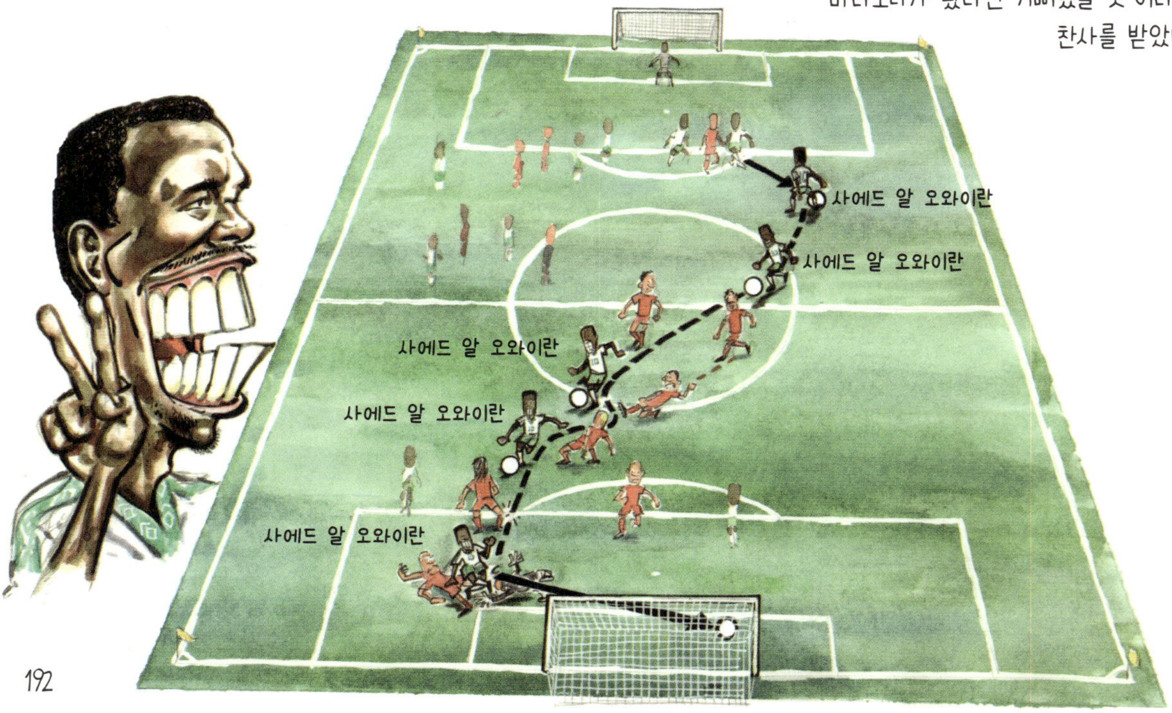

불가리아의 스토이치코프와 러시아의 살렌코는 나란히 6골로 득점왕(골든슈)을 차지했다. 살렌코의 한 경기 5골 기록은 지금까지도 깨지지 않았다. 그 경기에서 로저 밀라는 월드컵 역사상 가장 나이 많은 득점자로 이름을 남겼다.

마라도나의 스캔들로 얼룩진 마지막 월드컵, 그는
도핑 적발로 퇴출당하며 집으로 돌아갔다.

콜롬비아의 안드레스 에스코바르는
미국전 자책골(1:2 패)로 비극적인
결말을 맞았다. 열흘 뒤 흥분한 팬
의 총격으로 사망한 것이다.

요르단 레치코프는 8강전에서 결정적인 헤딩골로
디펜딩 챔피언 독일을 탈락시켰다.

브라질의 레오나르두는 미국 선수 탭 라모스에게 팔꿈치 가격을 가해 퇴장당했고, 남은 대회 출전 정지를 받았다.

1994년 월드컵 우승 팀 브라질 선수들

(뒤쪽 왼쪽부터): 타파레우, 조르지뉴, 아우다이르, 마우루 시우바, 마르시우 산투스, 브랑쿠

(앞줄): 마지뉴, 호마리우, 둥가, 베베투, 지뉴

로베르토 바조는 '신의 말총머리'라 불렸다. 그의 독특한 머리 스타일과 불교 신앙에서 비롯된 별명이었다.

카를루스 파헤이라 감독은 브라질 대표팀에 새로운 멘털리티를 심어줬다. 그는 화려한 공격축구 대신, 실용적인 수비축구를 택했다.

결승전 1994년 7월 17일
브라질 0:0 (연장전) 이탈리아
승부차기 3:2
로즈 볼 스타디움, 패서디나
관중: 94,194명
주심: 샨도르 푸홀(헝가리)

120분간의
지루한 공방전 끝에...
월드컵 결승 사상
첫 승부차기가 펼쳐졌다.
바레시 0:0

마르시우 산투스 (팔리우카 선방)
알베르티니 0:1
호마리우 1:1
에바니 1:2
브랑쿠 2:2
마사로 2:2
(타파레우 선방)

둥가 3:2

그리고 바조의 킥은...

크로스바 위로!

브라질, 월드 챔피언!

⚽ 1994년 월드컵 한눈에 보기

A조

날짜	팀	결과	팀
6월 18일	미국	1:1	스위스
6월 18일	콜롬비아	1:3	루마니아
6월 22일	루마니아	1:4	스위스
6월 22일	미국	2:1	콜롬비아
6월 26일	미국	0:1	루마니아
6월 26일	스위스	0:2	콜롬비아

승점: 루마니아 6, 스위스 4, 미국 4, 콜롬비아 3

B조

날짜	팀	결과	팀
6월 19일	카메룬	2:2	스웨덴
6월 20일	브라질	2:0	러시아
6월 24일	브라질	3:0	카메룬
6월 24일	스웨덴	3:1	러시아
6월 28일	러시아	6:1	카메룬
6월 28일	브라질	1:1	스웨덴

승점: 브라질 7, 스웨덴 5, 러시아 3, 카메룬 1

C조

날짜	팀	결과	팀
6월 17일	독일	1:0	볼리비아
6월 17일	스페인	2:2	대한민국
6월 21일	독일	1:1	스페인
6월 23일	대한민국	0:0	볼리비아
6월 27일	볼리비아	1:3	스페인
6월 27일	독일	3:2	대한민국

승점: 독일 7, 스페인 5, 대한민국 2, 볼리비아 1

D조

날짜	팀	결과	팀
6월 21일	아르헨티나	4:0	그리스
6월 21일	나이지리아	3:0	불가리아
6월 25일	아르헨티나	2:1	나이지리아
6월 26일	불가리아	4:0	그리스
6월 30일	그리스	0:2	나이지리아
6월 30일	아르헨티나	0:2	불가리아

승점: 나이지리아 6, 불가리아 6, 아르헨티나 6, 그리스 0

E조

날짜	팀	결과	팀
6월 18일	이탈리아	0:1	아일랜드
6월 19일	노르웨이	1:0	멕시코
6월 23일	이탈리아	1:0	노르웨이
6월 24일	멕시코	2:1	아일랜드
6월 28일	아일랜드	0:0	노르웨이
6월 28일	이탈리아	1:1	멕시코

승점: 멕시코 4, 아일랜드 4, 이탈리아 4, 노르웨이 4

F조

날짜	팀	결과	팀
6월 19일	벨기에	1:0	모로코
6월 20일	네덜란드	2:1	사우디아라비아
6월 25일	벨기에	1:0	네덜란드
6월 25일	사우디아라비아	2:1	모로코
6월 29일	모로코	1:2	네덜란드
6월 29일	벨기에	0:1	사우디아라비아

승점: 네덜란드 6, 사우디아라비아 6, 벨기에 6, 모로코 0

16강

날짜	팀	결과	팀
7월 2일	독일	3:2	벨기에
7월 2일	스페인	3:0	스위스
7월 3일	사우디아라비아	1:3	스웨덴
7월 3일	루마니아	3:2	아르헨티나
7월 4일	네덜란드	2:0	아일랜드
7월 4일	브라질	1:0	미국
7월 5일	나이지리아	1:2	이탈리아
7월 4일	멕시코	1:1(연장전) 1:3(승부차기)	불가리아

8강

날짜	팀	결과	팀
7월 9일	이탈리아	2:1	스페인
7월 9일	네덜란드	2:3	브라질
7월 10일	불가리아	2:1	독일
7월 10일	루마니아	2:2(연장전) 4:5(승부차기)	스웨덴

4강

날짜	팀	결과	팀
7월 13일	불가리아	1:2	이탈리아
7월 13일	스웨덴	0:1	브라질

3위 결정전

날짜	팀	결과	팀
7월 16일	스웨덴	4:0	불가리아

결승전

날짜	팀	결과	팀
7월 17일	브라질	0:0(연장전) 3:2(승부차기)	이탈리아

우승국: 브라질

1994년 월드컵 입장권

참가국

24개국(143개국 신청)

대회 기간

1994년
6월 17일~7월 17일

총관중

3,587,538명
(경기당 평균 약 68,991명)

출전 선수

427명

득점

141(경기당 평균 약 2.71)

자책골

1

가장 빠른 골

2분 – 가브리엘 바티스투타
(아르헨티나 vs 그리스)

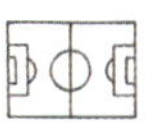

경기

52

가장 득점력이 높은 팀

스웨덴(7경기 15골)

득점 순위

· 골든슈, 6골- 올레크 살렌코 (러시아)
- 흐리스토 스토이치코프 (불가리아)
· 브론즈슈, 5골- 안데르손 (스웨덴)
- 호마리우 (브라질)

페어플레이상

브라질

옐로카드 / 옐로카드 누적

228회(경기당 평균 약 4.38) /
7회(경기당 평균 약 0.13)

레드카드

8회(경기당 평균 약 0.15)

최우수 선수 TOP 3

· 골든볼- 호마리우 (브라질)
· 실버볼- 로베르토 바조 (이탈리아)
· 브론즈볼- 흐리스토 스토이치코프
(불가리아)

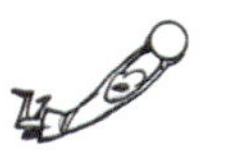

최고의 골키퍼

미셸 프뢰돔 (벨기에)

1경기 3골 이상 기록자

5골: 살렌코 (러시아 vs 카메룬)
3골: 바티스투타 (아르헨티나 vs 그리스)

페널티킥

총 15회(전부 성공)

베스트 영 플레이어

마르크 오버르마르스,
21세 (네덜란드)

1998 프랑스

완전히 무너진 상태의 호나우두는 프랑스 골키퍼
파비앵 바르테즈와 충돌했다.

1998 프랑스 월드컵

60년 만에 '라 그랑 나시옹(La Grande Nation)' 프랑스가 다시 월드컵을 개최했다. 6월 10일부터 7월 12일까지 열린 이번 대회는, 두 명의 새로운 월드클래스 스타와 축구계의 첫 '팝스타'가 된 한 영국 청년을 세상에 알렸다.

32개국이 참가한 이번 대회는 사상 최대 규모였다. 개최국 프랑스는 완벽한 출발을 보였고, 앙리, 트레제게, 조르카에프, 바르테즈, 드사이, 튀랑 그리고 압도적인 존재감의 지네딘 지단을 중심으로 프랑스 역사상 가장 강력한 팀으로 평가받았다. 지단은 자신의 첫 월드컵에서 전술적 지휘자이자 정신적 지주로 활약하며 프랑스를 결승으로 이끌었다. 위태로웠던 단 한 번의 순간은 16강 파라과이전이었는데, 로랑 블랑이 월드컵 역사상 첫 골든골을 넣으며 진땀승을 거뒀다. (이 제도는 아이스하키에서 비롯된 것인데, 이후 수비축구를 조장한다는 이유로 2004년 폐지되었다.)

16강에서는 역사적인 장면이 탄생했다. 19세의 마이클 오언이 아르헨티나를 상대로 '마라도나를 떠올리게 하는' 폭발적인 돌파를 선보인 후 골을 넣으며 세계를 놀라게 했다. 반면 데이비드 베컴은 보복성 반칙으로 퇴장당했고, 그로 인한 페널티킥으로 탈락하며 패배의 원흉으로 몰렸다. 그러나 그는 이후 슈퍼스타이자 패션 아이콘으로 재탄생했다.

독일은 이번 대회에서 별다른 빛을 보지 못했다. 불과 몇 년 전 자체 대표팀을 창단한 크로아티아와의 8강전에서 3:0 완패했다. 다보르 슈케르가 이끈 크로아티아는 한 명이 퇴장당해 수적 열세에 놓인 독일의 허점을 파고들었고, 독일은 허무하게 대회를 마감했다.

한편, 21세의 천재 공격수 호나우두가 처음으로 월드컵 무대에 섰다. 결승전까지 이미 4골을 넣으며 '신성'으로 떠올랐지만, 그도 그의 팀도 프랑스의 거센 흐름을 막지 못했다. 지단이 두 번의 헤더골, 프티가 쐐기골을 넣으며 프랑스는 3:0 완승을 거뒀다.

프랑스의 미드필더 지단은 펠레와 마라도나의 뒤를 잇는
'10번의 계보'를 이어받았다.

크로아티아는 이번 대회에서 처음으로 월드컵 무대에 올랐으며, 다보르 슈케르가 6골을 터뜨려 골든슈(득점왕)를 차지했다.

아르헨티나의 가브리엘 바티스투타는 자메이카전에서 월드컵 역사상 두 번의 해트트릭을 기록한 네 번째 선수가 되었고, 서로 다른 두 대회에서 해트트릭을 기록한 최초의 선수로 이름을 남겼다.

로랑 블랑은 프랑스가 파라과이를 1:0으로 꺾은 경기에서 월드컵 역사상 첫 번째 골든골을 터뜨렸다.

로랑 블랑의 독특한 습관은 프랑스 대표 팀의 행운의 부적이 되었다. 그는 경기 시작 전에 골키퍼 파비앵 바르테즈의 반질반질한 대머리에 입을 맞췄다. 하지만 크로아티아의 슬라벤 빌리치가 과장된 연기로 블랑에게 퇴장을 유도하면서, 그는 결승전에 출전하지 못했다. 그럼에도 프랑스는 결국 우승을 거머쥐었다.

오언의 골

19세의 마이클 오언은 아르헨티나와의 16강전에서 터뜨린
환상적인 골로 월드컵 스타로 떠올랐다.
그의 질주와 마무리는 마치 1986년 마라도나의
전설적인 골을 떠올리게 했다.
경기는 2:2로 끝났고, 아르헨티나가 승부차기에서 승리했다.

데이비드 베컴

이 경기로 잉글랜드와 아르헨티나의 오랜 악연에 또 하나의 장면이
더해졌다. 데이비드 베컴이 디에고 시메오네의 거친 파울에 보복성으
로 발을 뻗었다. 그러자 시메오네는 총에 맞은 듯 과장된 연기를 펼
쳤고, 베컴은 퇴장당했다.

잉글랜드를 꺾은 아르헨티나는 8강전에서 네덜란드의 데니스 베르캄프의 골에 무너졌다.

COUPE DU MONDE
"FRANCE 98"
BRASIL - FRANCE
F.F.F.
FINALE
STADE DE FRANCE

1998년 월드컵 우승 팀 프랑스 선수들
(뒷줄 왼쪽부터): 지네딘 지단, 마르셀 드사이, 프랑크 르뵈프, 릴리앙 튀랑, 스테판 기바르쉬, 에마뉘엘 프티
(앞줄): 크리스티앙 카랑뵈, 유리 조르카에프, 디디에 데샹, 파비앵 바르테즈, 비센테 리사라수

수비수 릴리앙 튀랑은 결승 진출의 영웅이었다. 그는 크로아티아와의 준결승에서 두 골을 넣으며 길게 이어지던 0:1을 뒤집으며 팀을 구했다. 그리고 그 골은 그가 대표팀에서 142경기를 뛰는 동안 유일하게 넣은 두 골이었다.

파리 사람들은 이 월드컵을 오랫동안 아름다운 기억으로 간직했다.

결승전 1998년 7월 12일,

브라질 0:3 프랑스

스타드 드 프랑스, 생드니
관중: 75,000명
주심: 사이드 벨콜라(모로코)

프랑스 대표팀 감독 에메 자케

나가야 할까, 아닐까?브라질 대표팀은
호나우두의 출전 여부를 두고 혼란스러워했다.

1:0 지단 – 코너에서 헤딩골

2:0 지단의 또 한 번의 헤딩골

카푸에게 파울을 범한
드사이, 레드카드.

3:0 프티

프랑스는 승리했고, 브라질은 침묵했다.

1998년 월드컵 한눈에 보기

A조

날짜	팀	결과	팀
6월 10일	브라질	2:1	스코틀랜드
6월 10일	모로코	2:2	노르웨이
6월 16일	스코틀랜드	1:1	노르웨이
6월 16일	브라질	3:0	모로코
6월 23일	스코틀랜드	0:3	모로코
6월 23일	브라질	1:2	노르웨이

승점: 브라질 6, 노르웨이 5, 모로코 4, 스코틀랜드 1

B조

날짜	팀	결과	팀
6월 11일	카메룬	1:1	오스트리아
6월 11일	이탈리아	2:2	칠레
6월 17일	칠레	1:1	오스트리아
6월 17일	이탈리아	3:0	카메룬
6월 23일	이탈리아	2:1	오스트리아
6월 23일	칠레	1:1	카메룬

승점: 이탈리아 7, 칠레 3, 오스트리아 2, 카메룬 2

C조

날짜	팀	결과	팀
6월 12일	사우디아라비아	0:1	덴마크
6월 12일	프랑스	3:0	남아공
6월 18일	프랑스	4:0	사우디아라비아
6월 18일	남아공	1:1	덴마크
6월 24일	프랑스	2:1	덴마크
6월 24일	남아공	2:2	사우디아라비아

승점: 프랑스 9, 덴마크 4, 남아공 2, 사우디아라비아 1

D조

날짜	팀	결과	팀
6월 12일	파라과이	0:0	불가리아
6월 13일	스페인	2:3	나이지리아
6월 19일	나이지리아	1:0	불가리아
6월 19일	스페인	0:0	파라과이
6월 24일	스페인	6:1	불가리아
6월 24일	나이지리아	1:3	파라과이

승점: 나이지리아 6, 파라과이 5, 스페인 4, 불가리아 1

E조

날짜	팀	결과	팀
6월 13일	네덜란드	0:0	벨기에
6월 13일	대한민국	1:3	멕시코
6월 20일	네덜란드	5:0	대한민국
6월 20일	벨기에	2:2	멕시코
6월 25일	벨기에	1:1	대한민국
6월 25일	네덜란드	2:2	멕시코

승점: 네덜란드 5, 멕시코 5, 벨기에 3, 대한민국 1

F조

날짜	팀	결과	팀
6월 14일	유고슬라비아	1:0	이란
6월 15일	독일	2:0	미국
6월 21일	독일	2:2	유고슬라비아
6월 21일	미국	1:2	이란
6월 25일	독일	2:0	이란
6월 25일	미국	0:1	유고슬라비아

승점: 독일 7, 유고슬라비아 7, 이란 3, 미국 0

G조

날짜	팀	결과	팀
6월 15일	루마니아	1:0	콜롬비아
6월 15일	잉글랜드	2:0	튀니지
6월 22일	콜롬비아	1:0	튀니지
6월 22일	루마니아	2:1	잉글랜드
6월 26일	루마니아	1:1	튀니지
6월 26일	콜롬비아	0:2	잉글랜드

승점: 루마니아 7, 잉글랜드 6, 콜롬비아 3, 튀니지 1

H조

날짜	팀	결과	팀
6월 14일	자메이카	1:3	크로아티아
6월 14일	아르헨티나	1:0	일본
6월 20일	일본	0:1	크로아티아
6월 21일	아르헨티나	5:0	자메이카
6월 26일	일본	1:2	자메이카
6월 26일	아르헨티나	1:0	크로아티아

승점: 아르헨티나 9, 크로아티아 6, 자메이카 3, 일본 0

16강

날짜	팀	결과	팀
6월 27일	이탈리아	1:0	프랑스
6월 27일	브라질	4:1	칠레
6월 28일	프랑스	1:0	파라과이
6월 28일	나이지리아	1:4	덴마크
6월 29일	독일	2:1	멕시코
6월 29일	네덜란드	2:1	유고슬라비아
6월 30일	루마니아	0:1	크로아티아
6월 30일	아르헨티나	2:2(연장전) 4:3(승부차기)	잉글랜드

8강

날짜	팀	결과	팀
7월 3일	이탈리아	0:0(연장전) 3:4(승부차기)	프랑스
7월 3일	브라질	3:2	덴마크
7월 4일	독일	0:3	크로아티아
7월 4일	네덜란드	2:1	아르헨티나

4강

날짜	팀	결과	팀
7월 7일	브라질	1:1(연장전) 4:2(승부차기)	네덜란드
7월 8일	프랑스	2:1	크로아티아

3위 결정전

날짜	팀	결과	팀
7월 11일	네덜란드	1:2	크로아티아

결승전

날짜	팀	결과	팀
7월 12일	브라질	0:3	프랑스

우승국: 프랑스

참가국

32개국(166개국 신청)

대회 기간

1998년 6월 10일~7월 12일

총관중 2,785,100명

(경기당 평균 약 43,517명)

출전 선수

573명

득점

171(경기당 평균 약 2.67)

자책골

7

가장 빠른 골

52초 - 아얄라(파라과이 vs 나이지리아)

경기

64

가장 득점력이 높은 팀

프랑스(7경기 15골)

득점 순위

· 골든슈, 6골- 다보르 슈케르
(크로아티아)
· 실버슈, 5골- 바티스투타(아르헨티나),
- 비에리(이탈리아)

페어플레이상

1. 프랑스와 잉글랜드,
3. 노르웨이

옐로카드 / 옐로카드 누적

250회(경기당 평균 약 3.91) /
4회(경기당 평균 약 0.06)

레드카드

18회(경기당 평균 약 0.28)

최우수 선수 TOP 3

· 골든볼 - 호나우두(브라질)
· 실버볼 - 다보르 슈케르(크로아티아)
· 브론즈볼- 릴리앙 튀랑(프랑스)

최고의 골키퍼

파비앵 바르테즈(프랑스),
호세 루이스 칠라베르트(파라과이)

1경기 3골 이상 기록자

3골: 바티스투타

(아르헨티나 vs 자메이카)

페널티킥

총 18회(17골 성공, 1골 실축)

베스트 영 플레이어

마이클 오언, 18세(잉글랜드)

드림 팀 1998

2002 대한민국·일본

2002년, 브라질을 다섯 번째 월드컵 우승으로
이끈 절대적인 주인공은 호나우두였다.

2002 대한민국·일본 월드컵

"오합지졸이다!", "브라트부르스트 팀이다!" — 루디 푈러가 이끌던 독일 대표팀을 향한 혹평은 이번 대회(5월 31일~6월 30일)가 시작되기 전부터 쏟아졌다. 축구 전통이 거의 없는 두 나라에서 대회를 공동 개최한다는 결정 역시 비난을 받았다. 하지만 토너먼트가 진행되자, 그 비판은 순식간에 사라졌다.

개막전부터 충격이었다. 전 대회 우승 팀이자 유럽 챔피언이었던 프랑스가 월드컵 첫 출전국 세네갈에 0:1로 패하며, 단 한 골도 넣지 못한 채 조별 리그에서 탈락했다. 아이러니하게도 1960년까지 프랑스 식민지였던 세네갈은 8강에서 튀르키예에 패하기 전까지 돌풍을 이어갔다.

"아시아는 축구의 땅이 아니다"라는 편견을 깨뜨린 건 대한민국이었다. 공동 개최국인 대한민국은 강호 포르투갈을 꺾고, 논란이 된 심판 판정 속에 이탈리아를 16강에서 탈락시켰으며, 8강에서는 스페인을 승부차기로 제압했다. 그러나 준결승에서 미하엘 발락의 골에 무릎을 꿇었다.

잉글랜드는 조별 리그에서 오랜 앙숙 아르헨티나를 상대로 통쾌한 복수를 했다. 4년 전, 패배의 원흉으로 몰려 비난받았던 데이비드 베컴이 이번에는 페널티킥으로 결승 골을 터뜨린 것이다. 아르헨티나는 탈락했고, 잉글랜드는 8강까지 진출했다.

이번 대회의 또 다른 주인공은 튀르키예였다. 월드컵 두 번째 출전임에도 불구하고 3위를 차지했다. 특히 하칸 쉬퀴르는 경기 시작 10.8초 만에 골을 넣어 월드컵 최단 시간 득점 기록을 세웠다.

조별 리그를 간신히 통과하며 '별 볼 일 없는 팀'이라는 비아냥을 들었던 독일은 세 번 연속 1:0 승리로 결승까지 진출했다. 결승 상대는 역시나 브라질. 호나우두와 그의 젊은 공격 파트너 호나우지뉴가 각각 6골과 2골을 기록하며 팀을 이끌었다.

그러나 결승전의 주인공은 또 다른 의미에서 올리버 칸이었다. 환상적인 선방으로 독일을 결승까지 이끌었던 그는, 결정적인 순간 실수를 범하며 호나우두에게 선제 골을 허용했다. 이어 호나우두가 한 골을 더 추가해 0:2. 브라질은 다섯 번째 월드컵 트로피를 들어 올렸고, 칸은 포스트에 주저앉은 채 고개를 떨궜다.

올리버 칸은 월드컵 역사상
'최우수 선수상(골든볼)'을 받은 유일한 골키퍼로 기록되었다.
비록 그의 실수가 브라질의 승리를 완성했을지라도.

데이비드 베컴은 4년 전 아르헨티나전 퇴장으로 입은 오명을 완벽히 씻었다.
조별 리그 경기에서 결승 골을 터뜨리며 잉글랜드의 승리를 이끌었고,
그 결과 아르헨티나는 1라운드에서 탈락했다.

오, 맙소사! 호나우지뉴가 프리킥으로 골을 넣자, 잉글랜드의 골키퍼 데이비드 시먼은 허공을 향해 뒤늦게 몸을 던졌다.
절묘하게 휘어들어간 그의 슈팅은 그대로 골망을 흔들었고, 브라질은 8강전에서 2:1로 승리했다.

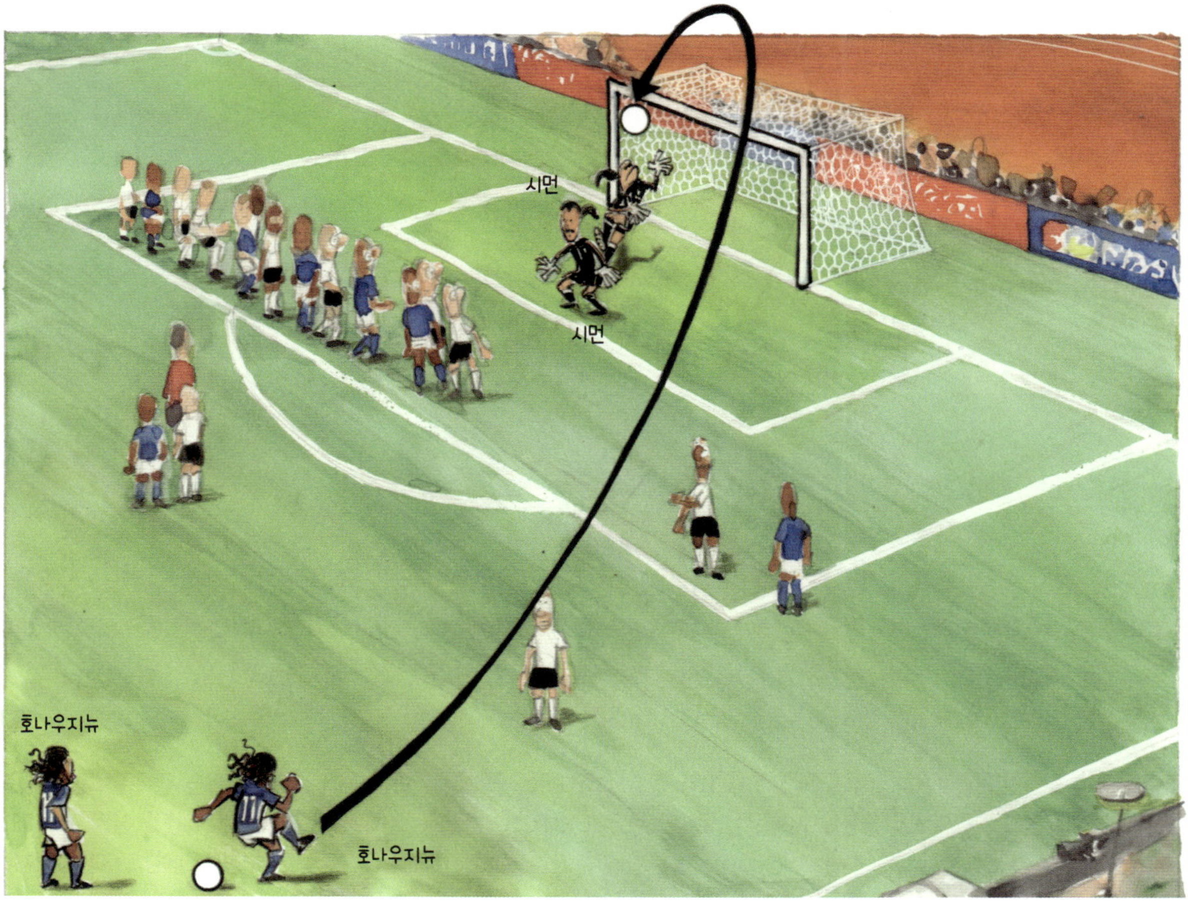

브라질의 히바우두는 공에 다리를 맞았음에도, 얼굴을 감싸 쥐며 마치 큰 부상을 입은 듯 쓰러졌다.
한국인 주심 김영주는 그 연기에 속아, 튀르키예의 하칸 운살에게 두 번째 옐로카드를 주며 퇴장시켰다.

준결승에서 두 팀이 다시 만났을 때, 호나우두의 토 슈팅 한 방이 승부를 갈랐다. 그는 이번 대회에서 총 8골을 넣으며, 1970년 게르트 뮐러의 10골 이후 가장 많은 득점을 기록해 골든슈를 수상했다.

안정환은 연장전에서 극적인 헤딩골을 터뜨려 이탈리아를 탈락시켰다.
그 장면은 1966년 북한이 이탈리아를 꺾었던 이변을 떠올리게 했다.

독일의 미하엘 발락은 한국의 이천수를 반칙으로 막다 옐로카드를 받았다.
이로 인해 그는 결승전에 출전할 수 없게 되었지만, 불과 4분 뒤인 75분, 그의 골이 독일을 결승으로 올려놓았다.

2002년 월드컵 우승 팀 브라질 선수들

(뒤쪽, 왼쪽부터 오른쪽 순서): 루시우, 에드미우송, 호케 주니오르, 지우베르투 시우바, 마르쿠스
(앞쪽): 호나우지뉴, 호나우두, 호베르투 카를로스, 클레베르송, 히바우두, 카푸

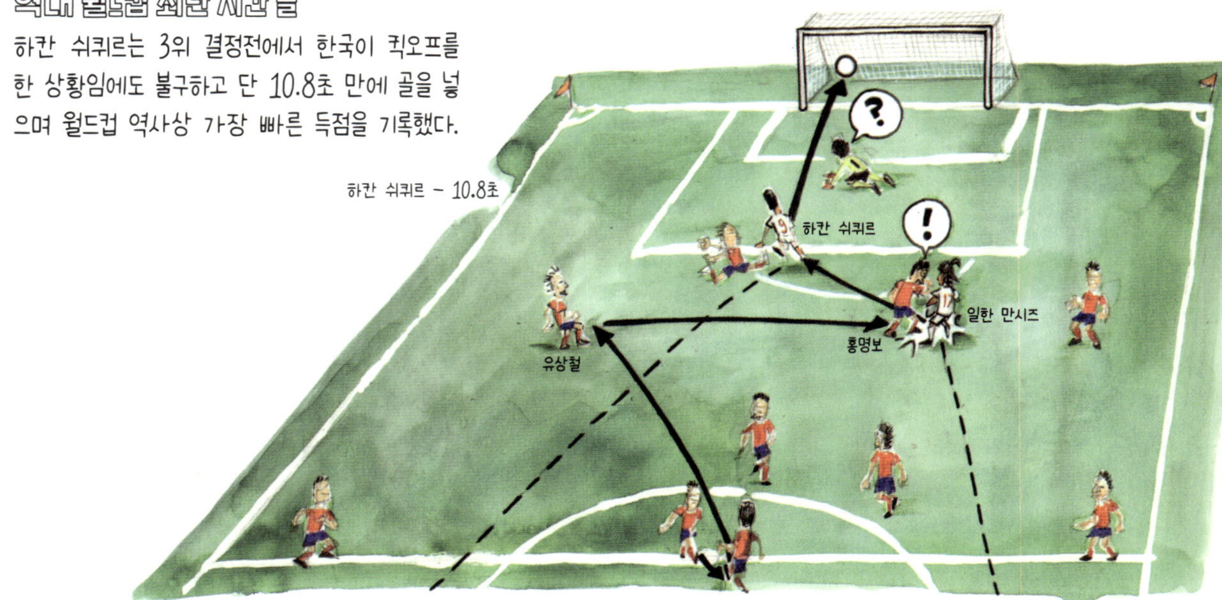

역대 월드컵 최단 시간 골

하칸 쉬퀴르는 3위 결정전에서 한국이 킥오프를 한 상황임에도 불구하고 단 10.8초 만에 골을 넣으며 월드컵 역사상 가장 빠른 득점을 기록했다.

하칸 쉬퀴르 - 10.8초

루이스 펠리피 스콜라리, '빅 필'로 불린 브라질 대표팀 감독

결승전 2002년 6월 30일

독일 0:2 브라질

국제경기장, 요코하마
관중: 69,029명
주심: 피에를루이지 콜리나(이탈리아)

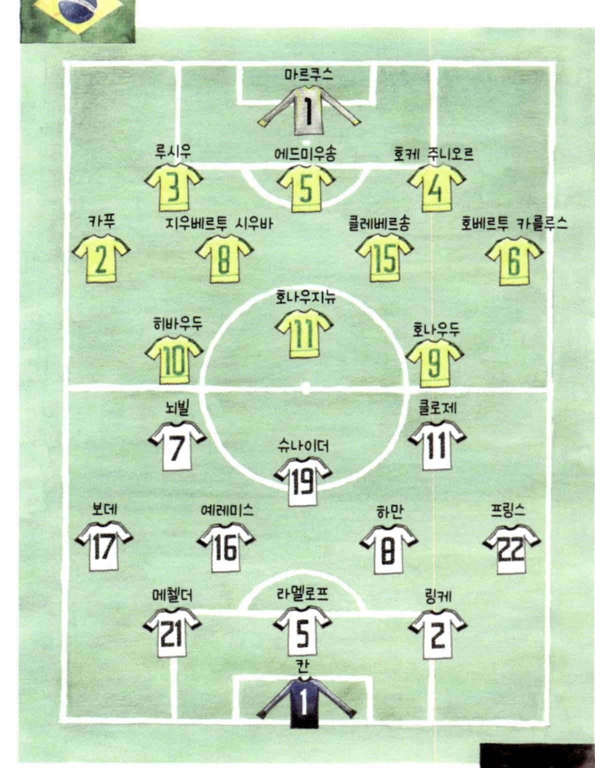

히바우두의 평범한 슛을 놓친 올리버 칸의 손끝에서 공이 미끄러졌고...

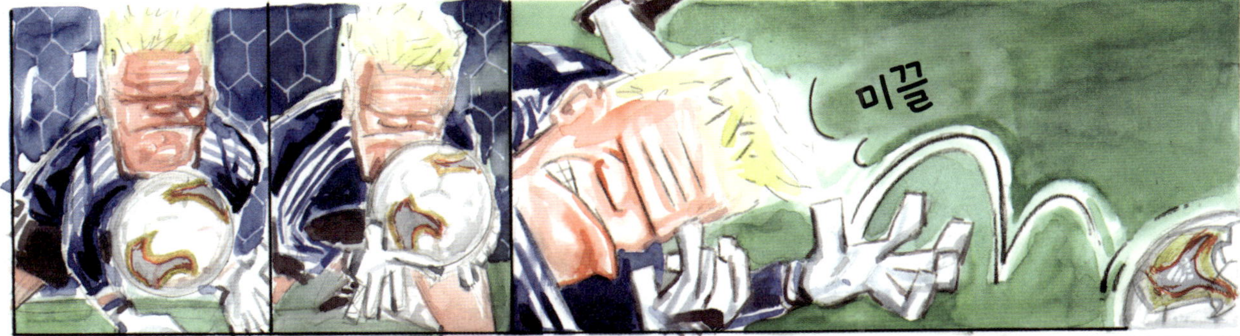

 2002년 월드컵 한눈에 보기

A조

날짜	팀	결과	팀
5월 31일	프랑스	0:1	세네갈
6월 1일	우루과이	1:2	덴마크
6월 6일	프랑스	0:0	우루과이
6월 6일	덴마크	1:1	세네갈
6월 11일	덴마크	2:0	프랑스
6월 11일	세네갈	3:3	우루과이

승점: 덴마크 7, 세네갈 5, 우루과이 2, 프랑스 1

B조

날짜	팀	결과	팀
6월 2일	파라과이	2:2	남아공
6월 2일	스페인	3:1	슬로베니아
6월 7일	스페인	3:1	파라과이
6월 8일	남아공	1:0	슬로베니아
6월 12일	남아공	2:3	스페인
6월 12일	슬로베니아	1:3	파라과이

승점: 스페인 9, 파라과이 4, 남아공 4, 슬로베니아 0

C조

날짜	팀	결과	팀
6월 3일	브라질	2:1	튀르키예
6월 4일	중국	0:2	코스타리카
6월 8일	브라질	4:0	중국
6월 9일	코스타리카	1:1	튀르키예
6월 13일	코스타리카	2:5	브라질
6월 13일	튀르키예	3:0	중국

승점: 브라질 9, 튀르키예 4, 코스타리카 4, 중국 0

D조

날짜	팀	결과	팀
6월 4일	대한민국	2:0	폴란드
6월 5일	미국	3:2	포르투갈
6월 10일	대한민국	1:1	미국
6월 10일	포르투갈	4:0	폴란드
6월 14일	포르투갈	0:1	대한민국
6월 14일	폴란드	3:1	미국

승점: 대한민국 7, 미국 4, 포르투갈 3, 폴란드 3

E조

날짜	팀	결과	팀
7월 1일	아일랜드	1:1	카메룬
7월 1일	독일	8:0	사우디아라비아
7월 5일	독일	1:1	아일랜드
7월 6일	카메룬	1:0	사우디아라비아
7월 11일	카메룬	0:2	독일
7월 11일	사우디아라비아	0:3	아일랜드

승점: 독일 7, 아일랜드 5, 카메룬 4, 사우디아라비아 0

F조

날짜	팀	결과	팀
7월 2일	잉글랜드	1:1	스웨덴
7월 2일	아르헨티나	1:0	나이지리아
7월 7일	스웨덴	2:1	나이지리아
7월 7일	아르헨티나	0:1	잉글랜드
7월 12일	스웨덴	1:1	아르헨티나
7월 12일	나이지리아	0:0	잉글랜드

승점: 스웨덴 5, 잉글랜드 5, 아르헨티나 4, 나이지리아 1

G조

날짜	팀	결과	팀
6월 3일	크로아티아	0:1	멕시코
6월 3일	이탈리아	2:0	에콰도르
6월 8일	이탈리아	1:2	크로아티아
6월 9일	멕시코	2:1	에콰도르
6월 13일	멕시코	1:1	아르헨티나
6월 13일	에콰도르	1:0	크로아티아

승점: 멕시코 7, 이탈리아 4, 크로아티아 3, 에콰도르 0

H조

날짜	팀	결과	팀
6월 4일	일본	2:2	벨기에
6월 5일	러시아	2:0	튀니지
6월 9일	일본	1:0	러시아
6월 10일	튀니지	1:1	벨기에
6월 14일	튀니지	0:2	일본
6월 14일	벨기에	3:2	러시아

승점: 일본 7, 벨기에 5, 러시아 3, 튀니지 1

16강

날짜	팀	결과	팀
6월 15일	독일	1:0	파라과이
6월 15일	덴마크	0:3	잉글랜드
6월 16일	스웨덴	1:2	세네갈
6월 16일	스페인	1:1(연장전) 3:2(승부차기)	아일랜드
6월 17일	멕시코	0:2	미국
6월 17일	브라질	2:0	벨기에
6월 18일	일본	0:1	튀르키예
6월 18일	대한민국	2:1	이탈리아

8강

날짜	팀	결과	팀
6월 21일	잉글랜드	1:2	브라질
6월 21일	독일	1:0	미국
6월 22일	스페인	0:0(연장전) 3:5(승부차기)	대한민국
6월 22일	세네갈	0:1	튀르키예

4강

날짜	팀	결과	팀
6월 25일	독일	1:0	대한민국
6월 26일	브라질	1:0	튀르키예

3위 결정전

날짜	팀	결과	팀
6월 29일	대한민국	2:3	튀르키예

결승전

날짜	팀	결과	팀
6월 30일	독일	0:2	브라질

우승국: 브라질

참가국
32개국 (198개국 신청)

대회 기간
2002년 5월 31일~6월 30일

총관중
2,705,197명
(경기당 평균 약 42,269명)

출전 선수
581명

득점
161 (경기당 평균 약 2.52)

자책골
4

가장 빠른 골
11초 - 하칸 쉬퀴르 (튀르키예 vs 대한민국)

경기
64

가장 득점력이 높은 팀
브라질 (7경기 18골)

득점 순위
· 골든슈, 8골 - 호나우두 (브라질)
· 실버슈, 5골 - 클로제 (독일)
  - 히바우두 (브라질)

페어플레이상
벨기에

옐로카드 / 옐로카드 누적
266회 (경기당 평균 약 4.16) /
6회 (경기당 평균 약 0.09)

레드카드
11회 (경기당 평균 약 0.17)

최우수 선수 TOP 3
· 골든볼- 올리버 칸 (독일)
· 실버볼- 호나우두 (브라질)
· 브론즈볼- 홍명보 (대한민국)

최고의 골키퍼
올리버 칸 (독일)

1경기 3골 이상 기록자
3골: 파울레타 (포르투갈 vs 폴란드),
클로제 (독일 vs 사우디아라비아)

페널티킥
총 18회 (13골 성공, 5골 실축)

베스트 영 플레이어
랜던 도노반, 20세 (미국)

드림 팀 2002

2006 독일

격분한 지네딘 지단이 이탈리아의 마테라치를 머리로 들이받아 쓰러뜨린 장면은 이 대회에서 가장 불명예스러운 순간이었다. 곧바로 나온 레드카드는 그의 위대한 커리어가 이렇게 허무하게 끝났다는 사실을 알리는 비극적인 결말이었다.

2006 독일 월드컵

전설적인 선수 지단의 자기 파괴적 행동에도 불구하고, 6월 9일부터 7월 9일까지 독일에서 열린 이 월드컵은 전 세계를 매료시켰다. "독일인은 웃을 줄 알고, 친구가 될 줄 아는 사람들이다." — 이 문장은 독일 대표팀이 마치 우승 팀처럼 전 세계의 찬사를 받은 현실을 정확히 반영했다.

'친구가 되는 시간'이라는 대회 슬로건은 현실 그대로였다. 전국 곳곳에서 펼쳐진 대규모 거리 응원과 맑은 여름 하늘 아래 펼쳐진 팬 페스트 풍경은 지금도 많은 사람들에게 생생한 기억으로 남아 있다.

하지만 위르겐 클린스만 감독은 대회를 앞두고 비판을 받았다. 경험이 적고 어린 선수들에게 지나치게 의존한다는 이유 때문이었다. 평균 나이 26.9세로 이루어진 독일 대표팀은 1982년 이후 가장 젊은 선수단이었다. 그러나 그의 '젊은 야생마들'은 14골로 대회 최다 득점을 기록하며 결국 클린스만의 선택이 옳았음을 증명했다.

독일은 조별 리그에서 3전 전승을 거뒀고, 베스트 영 플레이어로 선정된 포돌스키가 스웨덴과의 16강전을 혼자 힘으로 해결했다. 8강 아르헨티나전은 결국 승부차기로 이어졌다. 골키퍼 코치 안드레아스 괴프케가 레만에게 건넨 아르헨티나 키커 분석 메모(그 유명한 '종잇조각')도 승리에 한몫했다는 평가다. 독일은 준결승에서 이탈리아에 막혔지만, 포르투갈을 3:1로 꺾고 3위를 차지했다.

포르투갈과 네덜란드의 16강전은 무려 16장의 옐로카드와 4번의 퇴장이라는 난장판으로 큰 주목을 받았다. 이어진 8강 잉글랜드전에서는 포르투갈의 신성 크리스티아누 호날두가 퇴장을 유도하는 듯한 논란의 '연기' 장면을 보여, 승리에는 별 도움이 안 됐지만 '다이빙의 제왕'이라는 불명예스러운 별명을 얻었다.

브라질의 호나우두가 월드컵 통산 15골을 넣으며 게르트 뮐러를 제치고 역대 최다 득점자가 되었지만, 브라질은 프랑스에 패하며 8강에서 탈락했다.

한편 브라질을 꺾은 프랑스는 '노장 팀'이라는 평가를 뒤집고 경기마다 폼을 끌어올렸고, 철벽 수비로 올라온 이탈리아와 결승에서 맞붙었다. 1:1로 연장에 돌입한 뒤, 지네딘 지단은 마테라치의 도발에 과격하게 반응하며 가슴에 '헤딩 박치기'를 날렸고, 결국 즉각 퇴장되었다. 이후 경기는 흐름을 잃고 승부차기로 넘어갔고, 결국 이탈리아가 우승을 차지했다.

지단은 올림픽 스타디움을 떠나며, 트로피를 단 한 번도 바라보지 않았다.
관중들은 그 장면을 믿기 어려워했다.

공중 동작에 능했던 미로슬라프 클로제.
그는 5골로 골든슈를 차지했다.

호나우두의 월드컵 통산 15번째이자 마지막 골. 이 장면에서 그는
가나의 골키퍼 리처드 킹슨을 속이며 득점에 성공했다.

독일의 주장 미하일 발락이 팀을
이끌고 그라운드로 들어선다.

독일 골키퍼 옌스 레만은 아르헨티나 키커들에 대한 메모를 양말 속에 숨겨 두고 있었다.
그는 그 정보를 바탕으로 두 개의 페널티킥을 막아냈다.

악!

잉글랜드의 웨인 루니가 포르투갈의 히카르두 카르발류의 급소를 밟아버렸다. 당시 맨유 동료였던 크리스티아누 호날두는 곧바로 심판에게 달려가 항의했고, 이후 포르투갈 벤치를 향해 윙크하며 "봐라, 해결했다"라는 듯한 제스처를 보냈다.

호베르투 카를루스가 한순간 집중력을 잃자 티에리 앙리가 재빨리 밀어 넣어 1:0. 프랑스가 준결승에 올랐다!

2006년 월드컵 우승 팀 이탈리아 선수들

(뒷줄, 왼쪽에서 오른쪽): 잔루이지 부폰, 마르코 마테라치, 루카 토니, 파비오 그로소, 프란체스코 토티

(앞줄): 젠나로 가투소, 안드레아 피를로, 마우로 카모라네시, 파비오 칸나바로, 잔루카 잠브로타, 시모네 페로타

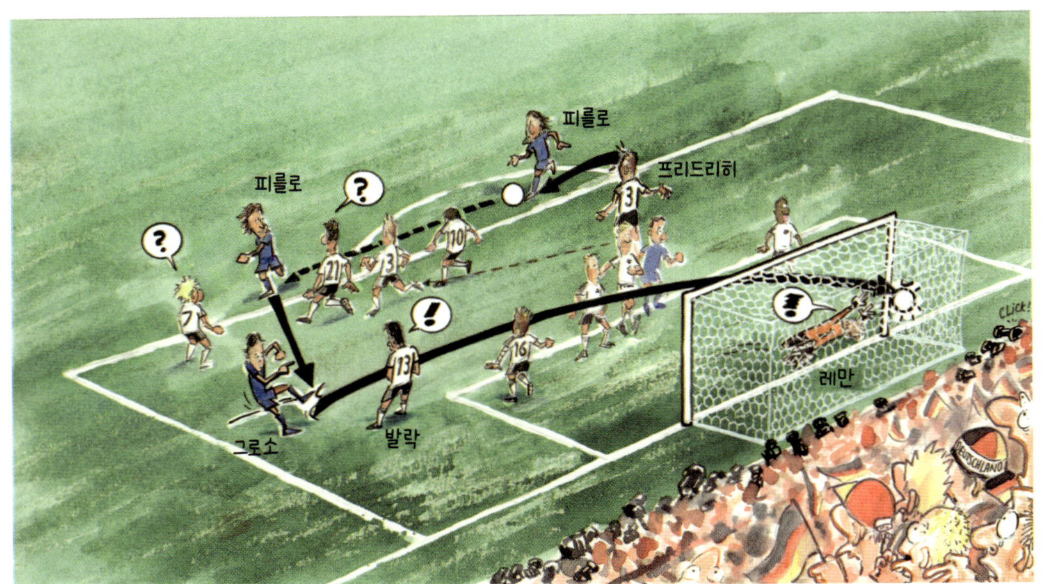

개최국 독일은 준결승에서, 이탈리아의 그로소가 연장
119분에 터뜨린 골 때문에 2:0으로 탈락했다.

결승전 2006년 7월 9일
이탈리아 1:1 프랑스
승부차기 5:3

올림피아슈타디온, 베를린
관중: 69,000
주심: 오라시오 엘리손도(아르헨티나)

결승전에서 사용된 공.

마르첼로 리피는 이탈리아를 네 번째 월드컵
우승으로 이끌었다.

0:1
지단의 슛이 크로스바를 맞고 골라인 안으로 떨어진다.
7분
ZIDANE
10

마테라치의 헤더 골.
1:1
19분
BARTHEZ
16

연장전
111분
!
10

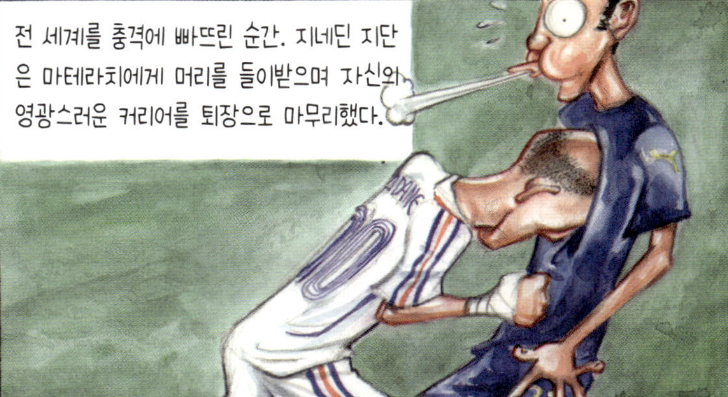
전 세계를 충격에 빠뜨린 순간. 지네딘 지단은 마테라치에게 머리를 들이받으며 자신와 영광스러운 커리어를 퇴장으로 마무리했다.

ZIDANE
10

승부차기: 트레제게의 슛은 크로스바를 강타!

그로소… 골!
결정적 한 방!

이탈리아, 월드 챔피언!
14
9
20
8
15
- ACZEL -

2006년 월드컵 한눈에 보기

A조

날짜	팀	결과	팀
6월 9일	독일	4:2	코스타리카
6월 9일	폴란드	0:2	에콰도르
6월 14일	독일	1:0	폴란드
6월 15일	에콰도르	3:0	코스타리카
6월 20일	에콰도르	0:3	독일
6월 20일	코스타리카	1:2	폴란드

승점: 독일 9, 에콰도르 6, 폴란드 3, 코스타리카 0

B조

날짜	팀	결과	팀
6월 10일	잉글랜드	1:0	파라과이
6월 10일	트리니다드 토바고	0:0	스웨덴
6월 15일	잉글랜드	2:0	트리니다드 토바고
6월 15일	스웨덴	1:0	파라과이
6월 20일	스웨덴	2:2	잉글랜드
6월 20일	파라과이	2:0	트리니다드 토바고

승점: 잉글랜드 7, 스웨덴 5, 파라과이 3, 트리니다드 토바고 1

C조

날짜	팀	결과	팀
6월 10일	아르헨티나	2:1	코트디부아르
6월 11일	세르비아 몬테네그로	0:1	네덜란드
6월 16일	아르헨티나	6:0	세르비아 몬테네그로
6월 16일	네덜란드	2:1	코트디부아르
6월 21일	네덜란드	0:0	아르헨티나
6월 21일	코트디부아르	3:2	세르비아 몬테네그로

승점: 아르헨티나 7, 네덜란드 7, 코트디부아르 3, 세르비아 몬테네그로 0

D조

날짜	팀	결과	팀
6월 11일	멕시코	3:1	이란
6월 11일	앙골라	0:1	포르투갈
6월 16일	멕시코	0:0	앙골라
6월 17일	포르투갈	2:0	이란
6월 21일	포르투갈	2:1	멕시코
6월 21일	이란	1:1	앙골라

승점: 포르투갈 9, 멕시코 4, 앙골라 2, 이란 1

E조

날짜	팀	결과	팀
6월 12일	이탈리아	2:0	가나
6월 12일	미국	0:3	체코
6월 17일	이탈리아	1:1	미국
6월 17일	체코	0:2	가나
6월 22일	체코	0:2	이탈리아
6월 22일	가나	2:1	미국

승점: 이탈리아 7, 가나 6, 체코 3, 미국 1

F조

날짜	팀	결과	팀
6월 12일	호주	3:1	일본
6월 13일	브라질	1:0	크로아티아
6월 18일	브라질	2:0	호주
6월 18일	일본	0:0	크로아티아
6월 22일	일본	1:4	브라질
6월 22일	크로아티아	2:2	호주

승점: 브라질 9, 호주 4, 크로아티아 2, 일본 1

G조

날짜	팀	결과	팀
6월 13일	프랑스	0:0	스위스
6월 13일	대한민국	2:1	토고
6월 18일	프랑스	1:1	대한민국
6월 19일	토고	0:2	스위스
6월 23일	토고	0:2	프랑스
6월 23일	스위스	2:0	대한민국

승점: 스위스 7, 프랑스 5, 대한민국 4, 토고 0

H조

날짜	팀	결과	팀
6월 14일	스페인	4:0	우크라이나
6월 14일	튀니지	2:2	사우디아라비아
6월 19일	스페인	3:1	튀니지
6월 19일	사우디아라비아	0:4	우크라이나
6월 23일	사우디아라비아	0:1	스페인
6월 23일	우크라이나	1:0	튀니지

승점: 스페인 9, 우크라이나 6, 튀니지 1, 사우디아라비아 1

16강

날짜	팀	결과	팀
6월 24일	독일	2:0	스웨덴
6월 24일	아르헨티나	2:1	멕시코
6월 25일	잉글랜드	1:0	에콰도르
6월 25일	포르투갈	1:0	네덜란드
6월 26일	이탈리아	1:0	호주
6월 26일	스위스	0:0(연장전) 0:3(승부차기)	우크라이나
6월 27일	브라질	3:0	가나
6월 27일	스페인	1:3	프랑스

8강

날짜	팀	결과	팀
6월 30일	독일	1:1(연장전) 4:2(승부차기)	아르헨티나
6월 30일	이탈리아	3:0	우크라이나
7월 1일	잉글랜드	0:0(연장전) 1:3(승부차기)	포르투갈
7월 1일	브라질	0:1	프랑스

4강

날짜	팀	결과	팀
7월 4일	독일	0:2	이탈리아
7월 5일	포르투갈	0:1	프랑스

3위 결정전

날짜	팀	결과	팀
7월 8일	독일	3:1	포르투갈

결승전

날짜	팀	결과	팀
7월 9일	이탈리아	1:1(연장전) 5:3(승부차기)	프랑스

우승국: 이탈리아

참가국
32개국 (198개국 신청)

대회 기간
2006년 6월 9일~7월 9일

총관중
3,359,439명 (경기당 평균 약 52,491명)

출전 선수
598명

득점
147 (경기당 평균 약 2.3)

자책골
4

가장 빠른 골
68초 - 기안 (가나 vs 체코)

최다 맨 오브 더 매치
안드레아 피를로 (이탈리아), 3회

경기
64

가장 득점력이 높은 팀
독일 (7경기 14골)

득점 순위
· 골든슈, 5골- 미로슬라프 클로제 (독일)
· 실버슈, 3골- 에르난 크레스포 (아르헨티나)
· 브론즈슈, 3골- 호나우두 (브라질)

페어플레이상
브라질과 스페인

옐로카드 / 옐로카드 누적
326회 (경기당 평균 약 5.09) /
19회 (경기당 평균 약 0.3)

레드카드
9회 (경기당 평균 약 0.14)

최우수 선수 TOP 3
· 골든볼 - 지네딘 지단 (프랑스)
· 실버볼 - 파비오 칸나바로 (이탈리아)
· 브론즈볼 - 안드레아 피를로 (이탈리아)

최고의 골키퍼
잔루이지 부폰 (이탈리아)

1경기 3골 이상 기록자
없음

페널티킥
총 16회 (13골 성공, 3골 실축)

베스트 영 플레이어
루카스 포돌스키, 21세 (독일)

드림 팀 2006

SOUTH
AFRICA
SOUTH
AFRI

우우우우우우우우!
우우우우우우우!
뿌 우우우우우우우!
2010
BAFANA BAFANA
2010 남아프리카공화국

부부젤라는 단 1초도 쉬지 않았다.

2010 남아공 월드컵

수백만 마리의 말벌이 윙윙거리는 듯한 굉음, 진동, 울림. 부부젤라는 남아공 월드컵(6월 11일~7월 11일)의 사운드를 완전히 지배했다. 아프리카 대륙에서 열린 첫 월드컵으로 독일이 다시 한번 3위를 차지한 가운데, 스페인은 자국 축구 역사상 가장 큰 성공을 거두었다.

사상 처음으로 세르비아와 슬로바키아가 월드컵에 참가했다. 슬로바키아는 마지막 조별 경기에서 디펜딩 챔피언 이탈리아를 3:2로 탈락시키며 큰 충격을 안겼다.

준우승국 프랑스도 1라운드에서 탈락했다. 그러나 이는 사실상 내부 자멸이었다. 도메네크 감독과 선수들 사이에서 곪아 터지기 직전이었던 갈등은 결국 훈련 보이콧 사태와 참담한 경기력으로 이어지고 말았다.

마라도나는 생애 처음으로 월드컵에서 감독 자리에 앉았다. 하지만 아르헨티나는 독일에 0:4로 참패했고, 마라도나는 2주 후 경질되었다.

요아힘 뢰프 감독의 독일팀은 16골을 넣으며 또다시 최고의 득점력을 보여줬다. 16강에서는 잉글랜드와의 명승부가 펼쳐졌고, 독일이 4:1 완승을 거두었다. 프랑크 램파드의 슛은 골라인 뒤로 떨어졌지만, 심판진은 골을 인정하지 않았다. 이로써 1966년의 '웸블리 골'에 대한 독일의 복수가 이루어졌다.

2006년과 마찬가지로 독일은 3위 결정전에 올라 놀라운 활약을 펼친 우루과이를 꺾고 3위를 차지했다. 우루과이에게는 1970년 이후 최고의 성적이었다.

스트라이커 디에고 포를란은 최우수 선수로 선정됐다. 포를란의 파트너 루이스 수아레스는 가나의 스트라이커 아사모아 기안의 결정적인 슛을 손으로 막아내며 골키퍼 역할을 했다. 수아레스는 퇴장당했지만, 기안이 페널티킥을 실축했다. 경기는 승부차기로 이어졌고, 우루과이는 4강에 진출했다.

결승에는 스페인과 네덜란드가 올랐다. 두 팀 모두 거칠게 맞붙었고, 연장전에서 네덜란드 선수 한 명이 퇴장당하며 틈이 생겼다. 116분, 그 틈을 파고든 이는 안드레스 이니에스타였다. 1:0, 스페인 최초의 월드컵 우승이었다!

네덜란드발 인사와 함께한 월드컵 결승골:
판데르파르트가 토레스의 패스를 어설프게 걷어내자, 파브레가스가 볼을 이니에스타에게 내준다.
이니에스타, 그대로 슛─골!

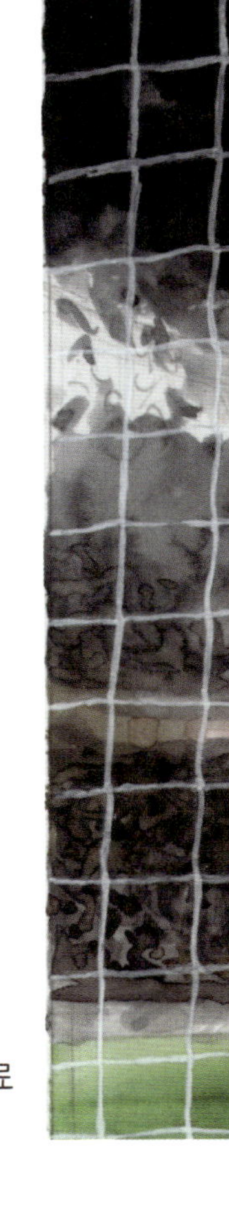

노이어: 공은 골문 안으로 들어갔다. 그러나 심판은 골로 인정하지 않았다.
웸블리의 복수!

루이스 수아레스(우루과이 vs 가나), 말 그대로
자신의 손으로 팀을 대회에 남겨두었다.

기묘한 골 장면

브라질의 파비아누가 왼손과 오른손으로 볼을 건드린다. 심판이 묻는다. "가슴으로 받았나요?"
"네!" "좋아요, 믿겠습니다!"

모욕, 파업: 프랑스 선수들은 감독과의 불화로 스스로 무너졌다.

디에고 포를란은 대회 최고의 선수였다.
그는 출전한 모든 경기에서 결정적인
역할을 했다.

드디어 다시 나타난 뮐러!
토마스 뮐러는 5골로 득점왕에 올랐다.

우루과이전 준결승:
네덜란드 선수가 거의 40미터 거리에서 찬 강력한 슈팅은 길게 뻗으며 골대 구석에 꽂혔다.

눈을 떠라!
샤비의 코너킥을 아무런 압박 없이 푸욜이 머리로 받아 넣으며,
독일과의 4강전은 1:0 승리로 마무리됐다.

2010년 월드컵 우승 팀 스페인 선수들
(위 왼쪽부터): 페드로, 부스케츠, 세르히오 라모스, 카프데빌라, 피케, 사비 알론소
(아래 왼쪽부터): 카시야스, 이니에스타, 비야, 사비, 푸욜

문어 파울은 14번의 예측 중
12번을 적중시켰다.

결승전에서 사용된 공.

결승전 2010년 7월 11일
네덜란드 0:1(연장전) 스페인

사커 시티, 요하네스버그
관중: 84,490
주심: 하워드 웹(잉글랜드)

2008년부터 스페인을 이끈 비센테 델 보스케 감독.

경기 시작 직전
지미 점프가 난입해 월드컵 트로피에 카탈루냐 전통모자 (바레티나)를 씌우려다 제지당하다.
SALTA SALTA Jimmy Jump
28분
'결승전의 거친 발길질'. 나이젤 더용이 쿵푸킥으로 샤비 알론소의 가슴을 가격하다.
FIFA FIFA
카시야스의 슈퍼 세이브! 로번의 결정적 찬스를 막아낸 순간.
62분
헤이팅아 퇴장
HEITINGA
연장
109분.
116분
골, 이니에스타!
고오 오올!
DANI JARQUE SIEMPRE CON NOSOTROS
스페인의 우승!
-ACZEL-

2010년 월드컵 한눈에 보기

A조

날짜	팀	결과	팀
6월 11일	남아공	1:1	멕시코
6월 11일	우루과이	0:0	프랑스
6월 16일	남아공	0:3	우루과이
6월 17일	프랑스	0:2	멕시코
6월 22일	멕시코	0:1	우루과이
6월 22일	프랑스	1:2	남아공

승점: 우루과이 7, 멕시코 4, 남아공 4, 프랑스 1

B조

날짜	팀	결과	팀
6월 12일	대한민국	2:0	그리스
6월 12일	아르헨티나	1:0	나이지리아
6월 17일	아르헨티나	4:1	대한민국
6월 17일	그리스	2:1	나이지리아
6월 22일	나이지리아	2:2	대한민국
6월 22일	그리스	0:2	아르헨티나

승점: 아르헨티나 9, 대한민국 4, 그리스 3, 나이지리아 1

C조

날짜	팀	결과	팀
6월 12일	잉글랜드	1:1	미국
6월 13일	알제리	0:1	슬로베니아
6월 18일	슬로베니아	2:2	미국
6월 18일	잉글랜드	0:0	알제리
6월 23일	미국	1:0	알제리
6월 23일	슬로베니아	0:1	잉글랜드

승점: 미국 5, 잉글랜드 5, 슬로베니아 4, 알제리 1

D조

날짜	팀	결과	팀
6월 13일	세르비아	0:1	가나
6월 13일	독일	4:0	호주
6월 18일	독일	0:1	세르비아
6월 19일	가나	1:1	호주
6월 23일	호주	2:1	세르비아
6월 23일	가나	0:1	독일

승점: 독일 6, 가나 4, 호주 4, 세르비아 3

E조

날짜	팀	결과	팀
6월 14일	네덜란드	2:0	덴마크
6월 14일	일본	1:0	카메룬
6월 19일	네덜란드	1:0	일본
6월 19일	카메룬	1:2	덴마크
6월 24일	덴마크	1:3	일본
6월 24일	카메룬	1:2	네덜란드

승점: 네덜란드 9, 일본 6, 덴마크 3, 카메룬 0

F조

날짜	팀	결과	팀
6월 14일	이탈리아	1:1	파라과이
6월 15일	뉴질랜드	1:1	슬로바키아
6월 20일	슬로바키아	0:2	파라과이
6월 20일	이탈리아	1:1	뉴질랜드
6월 24일	슬로바키아	3:2	이탈리아
6월 24일	파라과이	0:0	뉴질랜드

승점: 파라과이 5, 슬로바키아 4, 뉴질랜드 3, 이탈리아 2

G조

날짜	팀	결과	팀
6월 15일	코트디부아르	0:0	포르투갈
6월 15일	브라질	2:1	북한
6월 20일	브라질	3:1	코트디부아르
6월 21일	포르투갈	7:0	북한
6월 25일	포르투갈	0:0	브라질
6월 25일	북한	0:3	코트디부아르

승점: 브라질 7, 포르투갈 5, 코트디부아르 4, 북한 0

H조

날짜	팀	결과	팀
6월 16일	온두라스	0:1	칠레
6월 16일	스페인	0:1	스위스
6월 21일	칠레	1:0	스위스
6월 21일	스페인	2:0	온두라스
6월 25일	칠레	1:2	스페인
6월 25일	스위스	0:0	온두라스

승점: 스페인 6, 칠레 6, 스위스 4, 온두라스 1

16강

날짜	팀	결과	팀
6월 26일	우루과이	2:1	대한민국
6월 26일	미국	1:2(연장전)	가나
6월 27일	독일	4:1	잉글랜드
6월 27일	아르헨티나	3:1	멕시코
6월 28일	네덜란드	2:1	슬로바키아
6월 28일	브라질	3:0	칠레
6월 29일	파라과이	0:0(연장전) 5:3(승부차기)	일본
6월 29일	스페인	1:0	포르투갈

8강

날짜	팀	결과	팀
7월 2일	네덜란드	2:1	브라질
7월 2일	우루과이	1:1(연장전) 4:2(승부차기)	가나
7월 3일	아르헨티나	0:4	독일
7월 3일	파라과이	0:1	포르투갈

4강

날짜	팀	결과	팀
7월 6일	우루과이	2:3	네덜란드
7월 7일	독일	0:1	스페인

3위 결정전

날짜	팀	결과	팀
7월 10일	우루과이	2:3	독일

결승전

날짜	팀	결과	팀
7월 11일	네덜란드	0:1(연장전)	스페인

우승국: 스페인

참가국

32개국(206개국 신청)

대회 기간

2010년 6월 11일~7월 11일

총관중

3,178,856명

(경기당 평균 약 49,670명)

출전 선수

599명

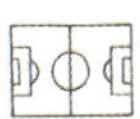

득점

145(경기당 평균 약 2.27)

자책골

2

가장 빠른 골

2분 - 토마스 뮐러(독일 vs 아르헨티나)

최다 맨 오브 더 매치

베슬리 스네이더르(네덜란드),
4회

경기

64

가장 득점력이 높은 팀

독일(7경기 16골)

득점 순위

골든 부트, 5골 - 토마스 뮐러(독일)
실버 부트, 5골 - 다비드 비야(스페인)
브론즈 부트, 5골 - 베슬리 스네이더르(네덜란드)

페어플레이상

스페인

옐로카드 / 옐로카드 누적

261회(경기당 평균 4.08) /
8회(경기당 평균 약 0.13)

레드카드

9회(경기당 평균 약 0.14)

최우수 선수 TOP 3

골든볼 - 디에고 포를란(우루과이)
실버볼 - 베슬리 스네이더르(네덜란드)
브론즈볼 - 다비드 비야(스페인)

최고의 골키퍼

이케르 카시야스(스페인)

1경기 3골 이상 기록자

3골: 곤살로 이과인

(아르헨티나 vs 대한민국)

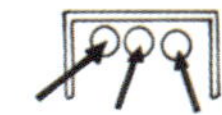

페널티킥

총 15회(9골 성공, 6골 실축)

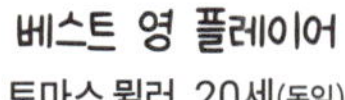

베스트 영 플레이어

토마스 뮐러, 20세(독일)

드림 팀 2010

FLY
FLY

adidas
KHEDIRA
6
DF
2014

'마라카낭'의 업그레이드판은 2014년 이후 '미네이랑'이라 불린다. 독일은 브라질과 함께 삼바를 추며, 영원히 회자될 경기를 펼쳤다. 이 역사적인 준결승은 믿기 어려운 점수인 7:1로 끝났다.

2014 브라질 월드컵

2014년 브라질 월드컵(6월 12일~7월 13일)에서 독일이 우승하면서 요아힘 뢰프 감독은 2004년 팀 개편 이후 이어온 사명을 완성했다. 2002년 이후 월드컵과 유로 대회에서 줄곧 최소 준결승에 진출했던 독일에게 1954, 1974, 1990년에 이은 네 번째 우승은 자연스러운 귀결처럼 보였다.

32개국이 본선에 진출했고, 보스니아-헤르체고비나는 이번이 첫 월드컵이었다. 총 171골이 터졌으며, 1998년 프랑스 대회와 함께 역대 최다 득점 대회로 기록됐다.

독일은 포르투갈과의 조별 리그 첫 경기에서 4:0 대승을 거두며 우승을 향한 강렬한 신호를 보냈다. 네덜란드 역시 마찬가지였다. 디펜딩 챔피언 스페인을 상대로 5:1 압승을 거뒀고, 로빈 판페르시는 '날아오르는 네덜란드인(Fliegender Holländer)'이라 불리게 됐다. 그는 14미터 거리에서 다이빙 헤더로 골을 넣었다. 한편, 우루과이의 스타 루이스 수아레스는 이탈리아 수비수 조르조 키엘리니의 어깨를 깨무는 사건으로 '깨무는 사람'이라 불리며 징계와 벌금을 받았다. 그의 커리어 세 번째 '물기 사건'이었다. 우루과이는 16강에서 콜롬비아의 하메스 로드리게스의 환상적인 발리슛에 무너지며 탈락했다. 로드리게스는 6골로 득점왕에 올랐다.

'리베로의 부활'은 독일의 골키퍼 마누엘 노이어가 보여줬다. 그는 16강 알제리전에서 19차례 페널티박스 밖으로 돌진, 2:1 승리를 이끌었고 결국 대회 최우수 골키퍼상을 수상했다.

그러나 자칭 우승 후보였던 브라질에게 이번 대회는 악몽이었다. 8강전 콜롬비아와의 경기에서 후안 수니가의 태클로 에이스 네이마르가 척추 골절 부상을 입으며 중도 탈락했다. 브라질은 이어진 준결승에서 1:7이라는 브라질 축구 역사상 가장 큰 패배를 당했다. 전반 18분 만에 다섯 골이 터졌고, 브라질은 눈물의 바다에 잠겼다.

"예에에에! 골!"

마리오 괴체가 113분에 넣은 골이 독일을 축구 천국으로 쏘아 올렸다. 결승전 1:0, 아르헨티나 격파.

독일은 결승으로 향했다. 상대는 아르헨티나였다. 두 나라는 이미 1986년과 1990년 결승에서 맞붙었던 적이 있다. 2006년과 2010년에는 각각 4:2, 4:0으로 독일이 승리했었다. 2014년 7월 13일, 리우 데 자네이루의 마라카낭 스타디움에서 열린 결승전에서 두 팀은 대등한 경기력을 펼쳤다. 그러다 113분, 안드레 쉬를레의 크로스와 마리오 괴체의 완벽한 트래핑에 이은 발리슛으로 1:0이 되었다. 독일은 이 골로 월드컵 우승컵을 거머쥐며 남미 대륙에서 우승한 첫 번째 유럽 팀이 되었다.

준우승에 머문 아르헨티나의 리오넬 메시는 세 번째로 독일의 벽에 막혔다. 비록 대회 최우수 선수상을 받았지만 메시에게는 위로가 되지 못했다.

로빈 판페르시가 공중으로 솟아오르며 14미터 다이빙 헤더로 스페인전 1:1 동점 골을 기록했다! 디펜딩 챔피언이 다음 대회에서 이렇게 크게 패한 적은 없었다. 네덜란드는 최종 스코어 5:1로 2010년 결승의 복수를 완성했다.

수아레스가 키엘리니의 어깨에 이빨을 꽂다. 그는 이후 9경기 출장 정지, 4개월 출전 금지, 82,000유로로 벌금을 선고받았다. 그는 이전에도 같은 전력이 있었기에 '재범'으로 간주되었다.

브라질의 슈퍼스타: 네이마르 다 시우바 산투스 주니오르.

강팀으로 여겨진 4팀이 조별 리그에서 탈락하면서
모든 나라에 경고음이 울렸다.

호나우두와 호나우지뉴가 말했듯,
창의적이고 기술적인 축구의 본고장 브라질은 독일의 훌륭한 유소년 시스템에서 배워야
다시 빈민가에서 정상까지 오를 수 있다.

22세의 콜롬비아인 하메스 로드리게스는 6골로 득점왕이자 월드 스타로 등극했다.
위 그림은 우루과이전 16강전에 넣은 그의 가장 아름다운 골이다.

'스프레이(일명 면도 거품)'와 독일산 골라인 기술이
월드컵에서 처음으로 도입되었다.

코스타리카의 주장 브라이언 루이스.
'로스 티코스'라 불리는 이 작은 나라
가 우루과이, 이탈리아, 잉글랜드, 그
리스, 네덜란드를 상대로 선전했지만
결국 8강 승부차기에서 탈락했다.

벨기에의 마루앙 펠라이니는 압도적인
헤어스타일로 존재감을 과시했다.

36세의 미로슬라프 클로제는 통산 16골로 월드컵 역대 단독 최다
득점자로 등극했다.(2002년 5골, 2006년 5골, 2010년 4골, 2014년 2골.)

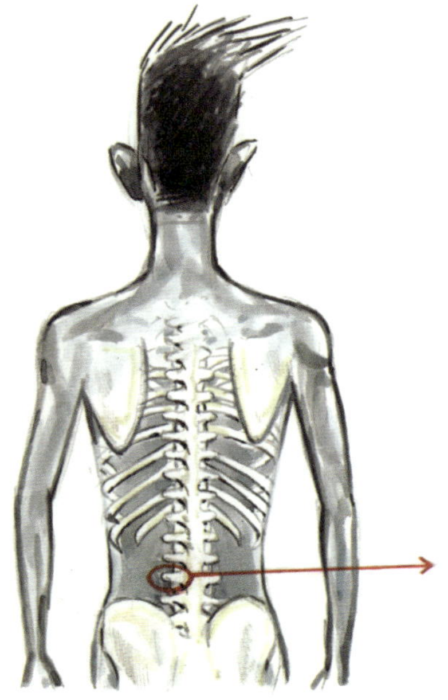

브라질의 모든 희망을 등에 짊어졌던 네이마르는 콜롬비아의 수니가와 충돌하면서 요추 3번 횡돌기 골절 진단을 받았다.

2014년 월드컵 우승 팀 독일 선수들

(윗줄 왼쪽부터): 마누엘 노이어, 베네딕트 회베데스, 사미 케디라, 마츠 후멜스, 제롬 보아텡, 미로슬라프 클로제
(아랫줄 왼쪽부터): 필립 람, 토니 크로스, 토마스 뮐러, 메수트 외질, 바스티안 슈바인슈타이거

황금 세대를 이끈 요아힘 뢰프 감독.

규율과 팀 정신 그리고 포기하지 않는 끈기가
보상받은 정당한 우승이었다!

결승전에서 사용된 공.

결승전 2014년 7월 13일

독일 1:0(연장전) 아르헨티나

마라카낭 스타디움, 리우데자네이루
관중: 74,738명
주심: 니콜라 리촐리(이탈리아)

리오넬 메시는 이번 대회 최우수 선수 수상자였다.
그러나 그 트로피는 그에게 위로가 되지 못했다. 그
는 마라도나의 유산을 잇는 '월드컵 우승자'가 되기
를 원했기 때문이다.

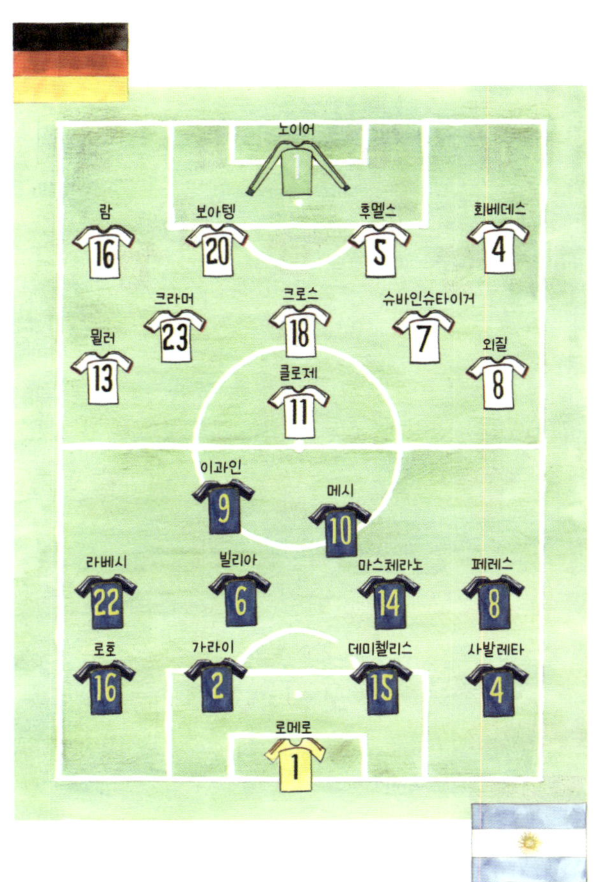

경기 시작 전

람과 메시, 두 명의 '작은 거인'이 인사를 나눈다.

가라이의 어깨가 크라머에게 정면으로 부딪친다. 17분
케디라의 대체 선수였던
크라머는 결국 교체
아웃.
퍽!

21분
이과인이 크로스의
볼을 가로채 슛!
뻥!

30분
"골이다!" 아르헨티나
선제골…?
아니, 오프사이드!

회베데스,
코너킥에서 포스트 강타!
텅!
45+1분

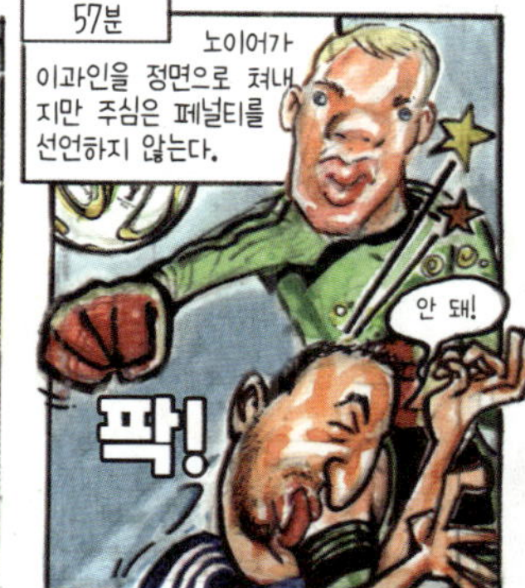
57분
노이어가
이과인을 정면으로 쳐내
지만 주심은 페널티를
선언하지 않는다.
팍!
안 돼!

연장전
슈바인슈타이거는 경기 도중 터치라인에
서 얼굴을 꿰맨 뒤에도 다시 그라운드로
돌아왔다.

쉬를레의 크로스, 괴체가 가슴으로 공
을 받아내고…

넘어지며 왼발 발리슛!
으아아아!
113분

독일의 우승!

⚽ 2014년 월드컵 한눈에 보기

A조

날짜	팀	결과	팀
6월 12일	브라질	3:1	크로아티아
6월 13일	멕시코	1:0	카메룬
6월 17일	브라질	0:0	멕시코
6월 18일	카메룬	0:4	크로아티아
6월 23일	카메룬	1:4	브라질
6월 23일	크로아티아	1:3	멕시코

승점: 브라질 7, 멕시코 7, 크로아티아 3, 카메룬 0

B조

날짜	팀	결과	팀
6월 13일	스페인	1:5	네덜란드
6월 13일	칠레	3:1	호주
6월 18일	호주	2:3	네덜란드
6월 18일	스페인	0:2	칠레
6월 23일	호주	0:3	스페인
6월 23일	네덜란드	2:0	칠레

승점: 네덜란드 9, 칠레 6, 스페인 3, 호주 1

C조

날짜	팀	결과	팀
6월 14일	콜롬비아	3:0	그리스
6월 14일	코트디부아르	2:1	일본
6월 19일	콜롬비아	2:2	코트디부아르
6월 19일	일본	0:0	그리스
6월 24일	일본	1:4	콜롬비아
6월 24일	그리스	2:1	코트디부아르

승점: 콜롬비아 9, 그리스 4, 코트디부아르 3, 일본 1

D조

날짜	팀	결과	팀
6월 14일	우루과이	1:3	코스타리카
6월 14일	잉글랜드	1:2	이탈리아
6월 19일	우루과이	2:1	잉글랜드
6월 20일	이탈리아	0:1	코스타리카
6월 24일	이탈리아	0:1	우루과이
6월 24일	코스타리카	0:0	잉글랜드

승점: 코스타리카 7, 우루과이 6, 이탈리아 3, 잉글랜드 1

E조

날짜	팀	결과	팀
6월 15일	스위스	2:1	에콰도르
6월 15일	프랑스	3:0	온두라스
6월 20일	스위스	2:5	프랑스
6월 20일	온두라스	1:2	에콰도르
6월 25일	온두라스	0:3	스위스
6월 25일	카메룬	0:0	프랑스

승점: 프랑스 7, 스위스 6, 에콰도르 4, 온두라스 0

F조

날짜	팀	결과	팀
6월 15일	아르헨티나	2:1	보스니아 헤르체코비나
6월 16일	이란	0:0	나이지리아
6월 21일	아르헨티나	1:0	이란
6월 21일	나이지리아	1:0	보스니아 헤르체코비나
6월 25일	나이지리아	2:3	아르헨티나
6월 25일	보스니아 헤르체코비나	3:1	이란

승점: 아르헨티나 9, 나이지리아 4, 보스니아 헤르체코비나 3, 이란 1

G조

날짜	팀	결과	팀
6월 16일	독일	4:0	포르투갈
6월 16일	가나	1:2	미국
6월 21일	독일	2:2	가나
6월 22일	미국	2:2	포르투갈
6월 26일	미국	0:0	독일
6월 26일	포르투갈	2:1	가나

승점: 독일 7, 미국 4, 포르투갈 4, 가나 1

H조

날짜	팀	결과	팀
6월 17일	벨기에	2:1	알제리
6월 17일	러시아	1:1	대한민국
6월 22일	벨기에	1:0	러시아
6월 22일	대한민국	2:4	알제리
6월 26일	대한민국	0:1	벨기에
6월 26일	알제리	0:0	러시아

승점: 벨기에 9, 알제리 4, 러시아 4, 대한민국 1

16강

날짜	팀	결과	팀
6월 28일	브라질	1:1(연장전) 3:2(승부차기)	칠레
6월 28일	콜롬비아	2:0	우루과이
6월 29일	네덜란드	2:1	멕시코
6월 29일	코스타리카	1:1(연장전) 5:3(승부차기)	그리스
6월 29일	프랑스	2:0	나이지리아
6월 29일	독일	2:1(연장전)	알제리
7월 1일	아르헨티나	1:0(연장전)	스위스
7월 1일	벨기에	2:1(연장전)	미국

8강

날짜	팀	결과	팀
7월 4일	프랑스	0:1	독일
7월 4일	브라질	2:1	콜롬비아
7월 5일	아르헨티나	2:1	벨기에
7월 5일	네덜란드	0:0(연장전) 4:3(승부차기)	코스타리카

4강

날짜	팀	결과	팀
7월 8일	브라질	1:7	독일
7월 9일	네덜란드	0:0(연장전) 2:4(승부차기)	아르헨티나

3위 결정전

날짜	팀	결과	팀
7월 12일	브라질	0:3	네덜란드

결승전

날짜	팀	결과	팀
7월 13일	독일	1:0(연장전)	아르헨티나

우승국: 독일

참가국

32개국(204개국 신청)

대회 기간

2014년 6월 12일~7월 13일

총관중

3,429,873명

(경기당 평균 약 53,592명)

출전 선수

593명

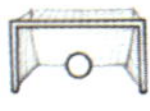

득점

171(경기당 평균 약 2.67)

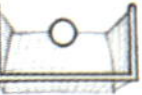

자책골

5

가장 빠른 골

29초 - 클린트 뎀프시(미국 vs 가나)

최다 맨 오브 더 매치

리오넬 메시(아르헨티나), 4회

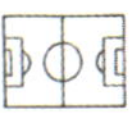

경기

64

가장 득점력이 높은 팀

독일(7경기 18골)

득점 순위

골든 부트, 6골 - 하메스 로드리게스

(콜롬비아)

실버 부트, 5골 - 토마스 뮐러(독일)

브론즈 부트, 4골 - 네이마르(브라질)

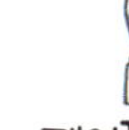

페어플레이상

콜롬비아

옐로카드 / 옐로카드 누적

181회(경기당 평균 약 2.83)

3회(경기당 평균 약 0.05)

레드카드

7회(경기당 평균 약 0.11)

최우수 선수 TOP 3

골든볼 - 리오넬 메시(아르헨티나)

실버볼 - 토마스 뮐러(독일)

브론즈볼 - 아르연 로번(네덜란드)

최고의 골키퍼

마누엘 노이어(독일)

1경기 3골 이상 기록자

3골: 제르단 샤키리(스위스 vs 온두라스),

토마스 뮐러(독일 vs 포르투갈)

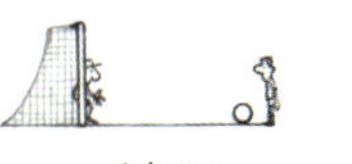

페널티킥

총 13회(12골 성공, 1골 실축)

베스트 영 플레이어

폴 포그바, 21세(프랑스)

드림 팀 2014

퍄빠빠빠

10

2018 러시

토네이도처럼 빨랐던 열아홉 살 음바페가 아르헨티나 선수들을 따돌리며 달려가는 장면이다. 그는 우사인 볼트의 평균 속도인 시속 37.58km에 도달할 정도의 주력을 자랑한다.

2018 러시아 월드컵

이번 월드컵은 젊은 세대의 무대였다. 조직적인 수비, 공격 전환 시의 번개 같은 속도로 대표되는 실용 축구 시대의 개막을 알린 대회였다. 이 대회는 강호들의 몰락과 세트 피스의 위력, VAR 첫 도입 그리고 수많은 극장 골이 터진 월드컵이었다.

독일의 다섯 번째 별을 향한 여정은 처참히 끝났다. 월드컵 역사상 처음으로 독일은 조별 리그 최하위로 탈락했다. 첫 경기부터 멕시코에 0:1로 지며 삐걱거렸다. 2차전 스웨덴과의 경기에서도 희망은 없어 보였으나, 후반 추가 시간 토니 크로스의 환상적인 프리킥이 기사회생을 이끌었다. 이제 시작인가 싶었지만 아니었다. 이미 탈락이 확정된 대한민국이 독일을 2:0으로 꺾었다. 독일은 그제야 현실을 깨달았다. 지난 대회 챔피언이라고 저절로 경기가 풀리는 건 아니었다. 펠레의 브라질 이후 월드컵 타이틀 방어는 다시 한번 불발됐다. 다른 강호들도 줄줄이 무너졌다. 이탈리아와 네덜란드는 출전조차 못했다. 스페인(라모스), 포르투갈(크리스티아누 호날두), 아르헨티나(메시), 브라질(네이마르), 우루과이(수아레스) 모두 승승장구하지 못했고, 잘해봐야 8강이었다. 네이마르는 경기보다 오버 액션으로 뒹구는 장면이 더 많이 나왔다. 아르헨티나는 16강에서 프랑스와 이번 대회 최고의 난전을 벌인 끝에 3:4로 패배했다. 또한 이집트는 모하메드 살라를 앞세워 1990년 이후 처음 본선에 올랐다. 월드컵에 처음 참가한 파나마는 첫 경기에서 국가가 울려 퍼지자 해설진이 울음을 터뜨릴 정도로 감격스러워했다.

이번 대회는 접전이 유독 많았다. 종료 직전 결승 골이 속출했고, 토너먼트에서는 페널티킥이 네 번이나 나왔다. 페어플레이 점수로 순위가 갈리는 일도 있었다. 전체 득점의 40%가 프리킥, 코너킥, 페널티킥 등 세트 피스에서 나왔다.

이번 대회의 원더골은 프랑스 파바르의 환상적인 감아차기였다. 아름답게 휜 공이 먼 포스트 쪽으로 빨려 들어갔다.

러시아는 훌륭한 개최국이었다. 관중들은 모든 팀을 응원했고, 분위기는 개방적이고 친절했다. 러시아 대표팀도 선전하며 8강까지 올라갔다. 4강부터는 유럽의 전성시대였다. 잉글랜드, 벨기에, 크로아티아, 프랑스가 준결승에 올랐다. 모두 젊음, 속도, 투지, 열정을 보여준 팀들이었다. 잉글랜드는 해리 케인을 중심으로, 벨기에는 아자르-루카쿠의 완벽한 듀오로 준결승까지 올랐다. 크로아티아는 모드리치를 앞세워 3연속 연장전과 두 번의 승부차기를 치르며 사상 첫 결승에 올라 전 세계의 존경을 받았다. 그리고 프랑스. 지배적인 점유율과 화려한 패턴 플레이는 이제 구식이었다. 디디에 데샹 감독은 철저한 카운터와 스피드, 세트 피스 축구를 선택했고, 킬리안 음바페는 그 중심이었다. 육상선수 같은 피지컬과 폭발적 가속력, 날카로운 마무리. 19세의 음바페는 펠레 이후 최연소 결승 골 기록을 세웠다. 이 나이에 이미 축구 인생의 가장 큰 트로피를 들어 올린 셈이다. 그는 새로운 시대의 축구를 상징하는 존재였다. 데샹은 마리오 자갈로, 프란츠 베켄바워에 이어 선수와 감독으로 월드컵에서 우승한 세 번째 인물이 되었다.

VAR이 최초로 도입되었다.

두 슈퍼스타 메시와 호날두는 너무 일찍
탈락했다.

독일은 최초로 조별 리그
에서 탈락하며 최악의
월드컵 성적을 거뒀다.

득점왕은 6골을 넣은 잉글랜드의
해리 케인이었다.

이번 월드컵에서 가장 기억에 남는 슬랩스틱 골 세리머니는 벨기에의 바추아이가 차지했다.
그는 골이 들어간 뒤 공을 한 번 더 멋지게 차 넣으려 했지만, 골 포스트가 공을 그의 얼굴에 그대로 되돌려 보냈다.

샤키리(스위스)와 카바니(우루과이)는 8강에 진출했다.

모드리치(크로아티아)는 월드컵 최고의 선수로 선정되었다.
음바페(프랑스)는 최고의 영 플레이어로 선정되었다.

네이마르는 과한 연기로 혹평받았다.

잉글랜드가 승부차기에서 승리했다. 저주는 끝났다.

개최국 러시아는 스페인을 승부차기로 꺾고 기적처럼 8강에 진출했다.

벨기에가 브라질을 탈락시켰다. 1986년 이후 처음으로 '레드 데빌스'가 다시 준결승에 올랐다.

불만한 장면: 플레이메이커 케빈 더 브라위너가 오른쪽 페널티 박스 모서리에서 강력한 슛을 날렸다. 브라위너, 아자르, 루카쿠는 이번 월드컵 최고의 공격 트리오였다.

(위) 크로아티아는 승부차기 끝에 개최국 러시아를 대회에서 탈락시켰다.
(아래) 크로아티아는 잉글랜드를 떨어뜨리고, 처음으로 월드컵 결승에 진출했다.

COUPE DU MONDE
DE LA FIFA RUSSIE 2018
FINALE
15 JUILLET 2018
MOSCOU

2018년 월드컵 우승 팀 프랑스 선수들
(위, 왼쪽부터): 폴 포그바, 움티티, 뤼카 에르난데스, 라파엘 바란, 올리비에 지루, 위고 요리스
(아래, 왼쪽부터): 앙투안 그리즈만, 블레즈 마튀이디, 뱅자맹 파바르, 은골로 캉테, 킬리안 음바페

움티티의 헤딩 골이 프랑스를 결승으로 이끌었다.

결승전에서 사용된 공.

결승전 2018년 7월 15일

프랑스 4:2 크로아티아

루즈니키 스타디움, 모스크바

관중 78,011명

주심: 네스토르 피타나(아르헨티나)

프랑스의 감독 디디에 데샹은 자갈루와 베켄바워에 이어 선수와 감독으로 모두 월드컵을 우승한 세 번째 인물이다.

18분
1:0
만주키치(자책골)

28분
1:1 페리시치

38분
핸드볼 → 페널티킥

2:1
그리즈만 성공

이야호!

3:1 포그바
59분

4:1
65분
음바페 중거리슛

만주키치,
골키퍼 실수로 만회골
4:2
LLORIS
1
69분
랑스 우승!
2018
프랑스는 즐겁고,
긍정적이고,
여유로운 태도와
'잘될 것'이라는
건강한 자신감으로
정당하게 두 번째
별을 따냈다.
ACZEL

 2018년 월드컵 한눈에 보기

A조

날짜	팀	결과	팀
6월 14일	러시아	5:0	사우디아라비아
6월 15일	이집트	0:1	우루과이
6월 19일	러시아	3:1	이집트
6월 20일	우루과이	1:0	사우디아라비아
6월 25일	우루과이	3:0	러시아
6월 25일	사우디아라비아	2:1	이집트

승점: 우루과이 9, 러시아 6, 사우디아라비아 3, 이집트 0

B조

날짜	팀	결과	팀
6월 15일	모로코	0:1	이란
6월 15일	포르투갈	3:3	스페인
6월 20일	포르투갈	1:0	모로코
6월 20일	이란	0:1	스페인
6월 25일	이란	1:1	포르투갈
6월 25일	스페인	2:2	모로코

승점: 스페인 5, 포르투갈 5, 이란 4, 모로코 1

C조

날짜	팀	결과	팀
6월 16일	프랑스	2:1	호주
6월 16일	페루	0:1	덴마크
6월 21일	덴마크	1:1	호주
6월 21일	프랑스	1:0	페루
6월 26일	덴마크	0:0	프랑스
6월 26일	호주	0:2	페루

승점: 프랑스 7, 덴마크 5, 페루 3, 호주 1

D조

날짜	팀	결과	팀
6월 16일	아르헨티나	1:1	아이슬란드
6월 16일	크로아티아	2:0	나이지리아
6월 21일	아르헨티나	0:3	크로아티아
6월 22일	나이지리아	2:0	아이슬란드
6월 26일	나이지리아	1:2	아르헨티나
6월 26일	아이슬란드	1:2	크로아티아

승점: 크로아티아 9, 아르헨티나 4, 나이지리아 3, 아이슬란드 1

E조

날짜	팀	결과	팀
6월 17일	코스타리카	0:1	세르비아
6월 17일	브라질	1:1	스위스
6월 22일	브라질	2:0	코스타리카
6월 22일	세르비아	1:2	스위스
6월 27일	세르비아	0:2	브라질
6월 27일	스위스	2:2	코스타리카

승점: 브라질 7, 스위스 5, 세르비아 3, 코스타리카 1

F조

날짜	팀	결과	팀
6월 17일	독일	0:1	멕시코
6월 18일	스웨덴	1:0	대한민국
6월 23일	대한민국	1:2	멕시코
6월 23일	독일	2:1	스웨덴
6월 27일	대한민국	2:0	독일
6월 27일	멕시코	0:3	스웨덴

승점: 스웨덴 6, 멕시코 6, 대한민국 3, 독일 3

G조

날짜	팀	결과	팀
6월 18일	벨기에	3:0	파나마
6월 18일	튀니지	1:2	잉글랜드
6월 23일	벨기에	5:2	튀니지
6월 24일	잉글랜드	6:1	파나마
6월 28일	잉글랜드	0:1	벨기에
6월 28일	파나마	1:2	튀니지

승점: 벨기에 9, 잉글랜드 6, 튀니지 3, 파나마 0

H조

날짜	팀	결과	팀
6월 19일	콜롬비아	1:2	일본
6월 19일	폴란드	1:2	세네갈
6월 24일	일본	2:2	세네갈
6월 24일	폴란드	0:3	콜롬비아
6월 28일	일본	0:1	폴란드
6월 28일	세네갈	0:1	콜롬비아

승점: 콜롬비아 6, 일본 4, 세네갈 4, 폴란드 3

16강

날짜	팀	결과	팀
6월 30일	프랑스	4:3	아르헨티나
6월 30일	우루과이	2:1	포르투갈
7월 1일	스페인	1:1(연장전) 3:4(승부차기)	러시아
7월 1일	크로아티아	1:1(연장전) 3:2(승부차기)	덴마크
7월 2일	브라질	2:0	멕시코
7월 2일	벨기에	3:2	일본
7월 3일	스웨덴	1:0	스위스
7월 3일	콜롬비아	1:1(연장전) 3:4(승부차기)	잉글랜드

8강

날짜	팀	결과	팀
7월 6일	우루과이	0:2	프랑스
7월 6일	브라질	1:2	벨기에
7월 7일	스웨덴	0:2	잉글랜드
7월 7일	러시아	2:2(연장전) 3:4(승부차기)	크로아티아

4강

날짜	팀	결과	팀
7월 10일	프랑스	1:0	벨기에
7월 10일	크로아티아	2:1(연장전)	잉글랜드

3위 결정전

날짜	팀	결과	팀
7월 14일	벨기에	2:0	잉글랜드

결승전

날짜	팀	결과	팀
7월 15일	프랑스	4:2	크로아티아

우승국: 프랑스

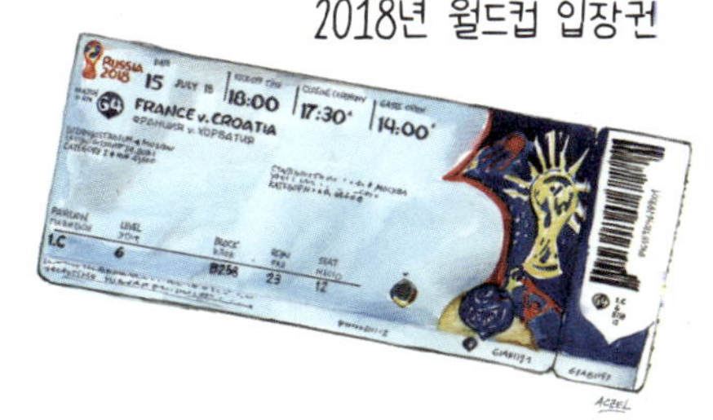

참가국
32개국(211개국 신청)

대회 기간
2018년 6월 14일~7월 15일

총관중
3,031,768명(경기당 평균 약 47,371명)

출전 선수
590명

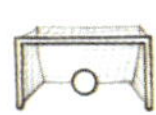

득점
169(경기당 평균 약 2.64)

자책골
12

가장 빠른 골
55초 - '장카' 예르겐센(덴마크 vs 크로아티아)

최다 맨 오브 더 매치
그리즈만, 케인, 모드리치, 3회

경기
64

가장 득점력이 높은 팀
벨기에(7경기 16골)

득점 순위
· 골든 부트, 6골 - 해리 케인(잉글랜드)
· 실버 부트, 4골 - 앙투안 그리즈만(프랑스)
· 브론즈부트, 4골 - 로멜루 루카쿠(벨기에)

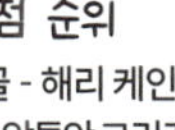

페어플레이상
스페인

옐로카드 / 옐로카드 누적
219회(경기당 평균 약 3.42) /
2회(경기당 평균 약 0.03)

레드카드
2회(경기당 평균 약 0.03)

최우수 선수 TOP 3
· 골든볼 - 루카 모드리치(크로아티아)
· 실버볼 - 에덴 아자르(벨기에)
· 브론즈볼 - 앙투안 그리즈만(프랑스)

최고의 골키퍼
티보 쿠르투아(벨기에)

1경기 3골 이상 기록자
3골: 크리스티아누 호날두
(포르투갈 vs 스페인), 해리 케인
(잉글랜드 vs 파나마)

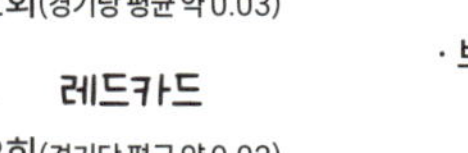

페널티킥
총 20회(15골 성공, 5골 실축)

베스트 영 플레이어
킬리안 음바페, 19세(프랑스)

드림 팀 2018

2022 카타르

마침내 월드컵 우승!
메시가 오래 기다려 온 트로피를 들어 올리며
축구 인생의 위업을 이루었다.

2022 카타르 월드컵

스펙터클 그 자체였던 월드컵이자 역대 최고의 월드컵이었다! 이는 사전에 지안니 인판티노 FIFA 회장이 우리에게 약속했던 표현이다. 무엇보다도, 카타르에 대회가 배정되는 과정에서 불거진 부패 의혹 등으로 그 어느 때보다도 개최 전부터 비판이 거셌던 월드컵이었기 때문이다. 그렇다면 실제로 대회는 어떻게 펼쳐졌을까?

일단 조직 면에서는 매우 잘 준비되었고 큰 문제 없이 진행되었다. 경기장들은 그 자체로 건축적인 볼거리였다. 베두인 천막을 모티프로 디자인된 알 바이트 스타디움과 해상 컨테이너를 층층이 쌓아 올려 만들고 대회가 끝난 뒤 곧바로 완전히 해체해 버린 974 스타디움 같은 아이디어들이 대표적이다. 대회는 기존 대회와 달리 11월 20일부터 12월 18일까지 열렸다. 여름에는 그늘에서도 기온이 50도까지 올라 경기를 할 수 없었기 때문이다. 축구 실력 면에서 카타르는 조별 리그 3전 전패로 일찌감치 탈락하며, 개최국 역대 최악의 성적이라는 불명예를 안았다. 이번 대회의 최대 이변은 단연 모로코였다. 아프리카 팀으로서는 사상 최초로 준결승 무대를 밟은 주인공이 되었기 때문이다. 아프리카 대륙 전체가 그들과 한마음으로 열광했다. 기대를 모았던 네이마르, 호날두, 케인 같은 슈퍼스타들은 고개를 떨굴 수밖에 없는 기대에 못 미치는 활약에 그쳤다. 그런가 하면, 독일 대표팀은 정치적 메시지를 내겠다는 생각에 사로잡혔다. FIFA의 '원 러브' 완장* 금지 결정에 항의하기 위해, 첫 경기 시작 전 단체 사진에서 선수 전원이 입을 가리는 포즈를 취하며 카타르에서 표현의 자유가 억압되고 있다는 것을 전 세계에 보여 주려 했다. 차라리 그 정도의 확신과 몰입을 본업인 축구에 쏟았더라면 어땠을까. 독일은 지난 대회에 이어 이번에도 조별 리그에서 탈락하며 짐을 쌌고, 일부 카타르인들의 조롱을 받으며 귀국길에 올라야 했다. 그리고 아르헨티나가 있었다. 단지 대표팀만이 아니라, 국가 전체가 하나가 된 아르헨티나였다. 이미 네 번의 월드컵을 치렀고, 자국 팬들에게조차 많은 비판을 받았던 리오넬 메시는 다섯 번째이자 마지막이 될지 모를 이 월드컵에서 마라도나와 같은 반열에 올라 조국의 영원한 전설이 되려 했다.

이번에는 선수단 전체는 물론 팬들까지 그를 전폭적으로 지지했다. 사우디아라비아와의 첫 경기에서 겪은 작은 실수를 제외하면, 그들은 누구도 꺾을 수 없는 거대한 하나의 팀으로 뭉쳤다. 아르헨티나는 이번 월드컵에서 가장 거칠었던 네덜란드전, 그리고 가장 긴박했던 디펜딩 챔피언 프랑스와의 결승전을 끝내 이겨냈다. 그들의 유니폼에는 마침내 그토록 염원하던 세 번째 별이 자랑스럽게 새겨졌고, 메시의 사명과 꿈은 비로소 완성되었다. 2026년에도 그는 다시 한번 우리 앞에 설 것이다.

* 모든 종류의 차별(인종, 성별, 성적 지향 등)에 반대하고 다양성을 포용하자는 캠페인

메시는 네덜란드 벤치 앞에서 두 손을 귀 뒤로 가져다 대고 다리를 넓게 벌린, 평소와는 다소 다른 도발적인 세리머니로 골을 자축했다. 이번 월드컵에서는 판할이 믿었던 그 어떤 '무적의 전술'도 그를 막을 수 없었다.

우리는 이번에 '사막에서 열린 겨울 월드컵'에 푹 빠질 수
있었다! 월드컵이 아랍 국가 카타르에서 열린 것은 역사
상 처음이었고, 여름이 아닌 겨울에 개최된 것 역시 처음
이었다. 카타르에서는 여름 기온이 그늘에서도 50도 가까
이 올라가기 때문이다. 사막, 셰이크, 낙타, 미래적인 경
기장들…… 우리가 봤던 화면 속 모습은 아름답고 전형적인
이미지로 가득했다.

FIFA는 반자동 오프사이드
판독 기술과 엄청난 양의 추가
시간을 새롭게 도입했다.

사우디아라비아의 살렘 알다우사리는
아르헨티나를 상대로 결승 골을 넣은
뒤, 공중제비 세리머니로 골을 자축했
다. 조별 리그 첫 경기였던 사우디아
라비아의 승리는 36경기 무패를 달리
던 '알비셀레스테스'에게 엄청난 충격
을 안겼다.

아르헨티나는 두 번째 경기 상대인 멕시코를 반드시 이겨야 했다. 그 순간, 메시가 나섰고 팀을 다시 승리의 궤도로 올려놓았다.

이 대회에서 가장 아름다운 골은 히샬리송이 세르비아를 상대로 터뜨린 환상적인 발리슛이었다.

공이 완전히 라인을 넘었을까? 아니다!
골은 인정되었고, 일본은 16강 진출에 성공한다.

여기에는 이 표현이 꽤 잘 어울린다. 처음에는 입을 막고, 그 다음에는 할 말을 잃고. FIFA의 완장 금지 결정에 항의하기 위해 독일 선수들은 단체 사진에서 입을 손으로 가리며 정작 축구에 집중하는 대신 퍼포먼스를 택했다. 그 뒤, 카타르 TV 쇼에서는 독일의 초라한 탈락을 두고 통쾌한 조롱이 쏟아졌다.

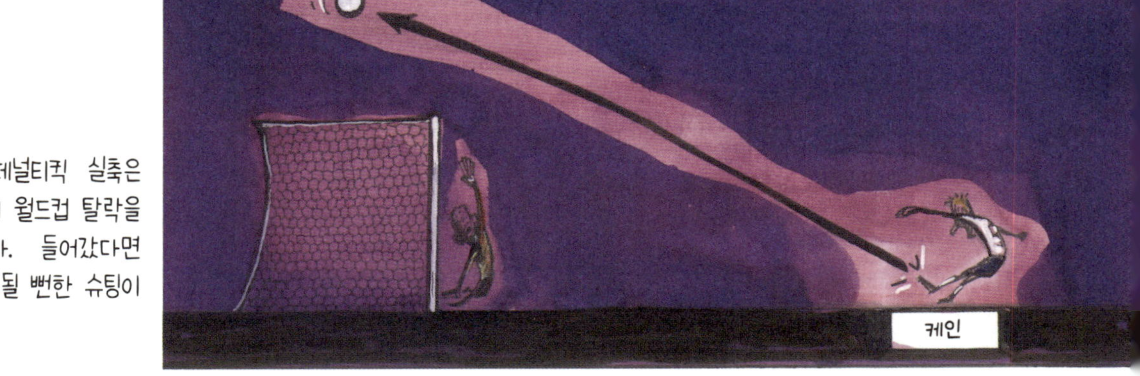

케인의 페널티킥 실축은 잉글랜드의 월드컵 탈락을 확정지었다. 들어갔다면 동점 골이 될 뻔한 슈팅이었다.

모로코는 월드컵 역사상 아프리카 팀 최초로 4강에 진출한다. 마치 모로코의 유세프 엔네시리가 트램펄린을 밟고 뛰어오른 것처럼, 포르투갈 골키퍼보다 훨씬 높이 솟구쳐 헤딩골을 터뜨리며 기적을 일궈 냈다.

우루과이전에서 크리스티아누 호날두
는 헤딩하기 위해 뛰어올랐고, 공은
그대로 골문 안으로 빨려 들어갔다.
그 순간, 호날두는 자신이 에우제비우
가 보유하고 있던 포르투갈 월드컵
최다 득점 기록(9골)과 동률이 되었다
며 환호했다. 하지만 호날두는 말 그
대로 머리카락 한 올 차이로 골 기록
에 닿지 못했다.
게다가 16강 이후로 벤치 신세만 지
면서, 상징적인 굴욕을 맛봐야 했다.

골대에 둔탁하게 공이 부딪히던 그 소리는 마르퀴뇨스의 머릿속에 평생 울려 퍼질 것이다.
그 소리는 브라질의 탈락과 크로아티아의 4강 진출을 의미했다.

FIFA WORLD CUP Qatar 2022
23
23
AFA
10
13
11
7
19
ACZEL

2022년 월드컵 우승 팀 아르헨티나 선수들
(위 왼쪽부터): 크리스티안 로메로, 에밀리아노 마르티네스, 니콜라스 오타멘디, 알렉시스 맥앨리스터, 나우엘 몰리나
(아래 왼쪽부터): 리오넬 메시, 앙헬 디마리아, 로드리고 데 파울, 훌리안 알바레스, 니콜라스 탈리아피코, 엔소 페르난데스

역대 월드컵 최다인 15장의 카드가 나온 경기였다. 결승 골 페널티를 얻어낸 뒤 벌어진 과격한 세리머니와 파레데스가 공을 네덜란드 벤치 쪽으로 직격한 슛은 오래도록 입에 오르내릴 장면이다.

경기가 끝난 뒤에도, 여전히 감정이 격앙된 메시는 인터뷰 도중 베호로스트를 향해 고향 로사리오 특유의 억양으로 소리친다. "뭘 그렇게 빤히 봐, 바보야?"

리오넬 메시는 크로아티아를 상대로 한 환상적인 솔로 플레이로 아르헨티나를 결승에 올려놓았다. 그 장면에서 그바르디올은 완전히 농락당했고, 하나의 교본 같은 수비수 교육 영상이 만들어졌다.

결승전에 사용된 공.

리오넬 스칼로니는 2021년 코파 아메리카 우승, 2022년 월드컵 세 번째 우승을 이끈 아르헨티나 대표팀의 감독이다.

결승전 2022년 12월 18일
프랑스 3:3 아르헨티나
승부차기 2:4
루사일 아이코닉 스타디움, 루사일, 카타르
관중: 88,966명
주심: 시몬 마르치니악(폴란드)

역대 최고의
월드컵 결승전.
뎀벨레가 디마리아를
건드린다.

1:0 23분

메시는 침착하게 오른쪽 하단 구석을 향해
페널티킥을 찔러 넣는다.

2:0 환상적인 패턴 플레이의 마무리
디마리아의 추가골.

음바페가 왼쪽 아래 구석으로 페널티킥을 꽂아 넣는다. 80분

2:1

음바페가 넘어온 공을 그대로 발리로 차올리고,
공은 낮게 깔려 골문 안으로 흘러 들어간다. 최
고의 스릴러 같은 결승전이 이어진다...

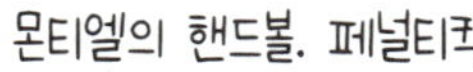

3:2 연장전.
메시가 흘러나온 공을 밀어 넣는다.

몬티엘의 핸드볼. 페널티킥!

118분

3:3 음바페의
해트트릭.

무아니가 결정적인 패스를 받아 슛을 시도하지만…

123분

마르티네스가 믿기 힘든 선방으로 막아낸다!

곧이어 이어진 역습에서 라우타로 마르티네스가
기회를 날려 버린다. 말 그대로 미친 경기다.

승부차기.
페널티킥 킬러 마르티네스가 코망의 슛을 막아낸다.

추아메니가 페널티킥을 차려고 나서자, 마르티
네스는 일부러 공을 멀리 던져 버린다. 이 심리
전은 효과를 발휘한다…

추아메니의 슛이 골문을 벗어난다!

마르티네스는 그 직후 작은 춤을 추며 자축한다.

승부차기

0:1 음바페
1:1 메시
마르티네스가 코망의 슛을 막아낸다.
2:1 디발라
추아메니, 골문 밖으로 실축하다.
3:1 파레데스
3:2 콜로 무아니
4:2 몬티엘

몬티엘이 해방의 페널티킥을 성공시키는 순간,
믿을 수 없는 결승전이 끝나고,
아르헨티나 전역이 환호에 휩싸인다!

특별한 세리머니:
에밀리아노 마르티네스는 대회 최고의
골키퍼 트로피를 마치 상대를 조롱하
듯, 일부러 하체 쪽에 갖다 댄다. "봐
라, 너희는 나를 이길 수 없다"라는
메시지를 몸짓으로 전하는 듯하다.

대회 최고의 영 플레이어:
엔소 페르난데스
(아르헨티나)

대회 최우수 선수:
리오넬 메시
(아르헨티나)

대회 최우수 골키퍼:
에밀리아노 마르티네스
(아르헨티나)

골든 부트(득점왕):
킬리안 음바페
(프랑스)

카타르의 에미르와 지안니
인판티노 FIFA 회장은
리오넬 메시에게 카타르의
전통 망토를 입혀 준다.

월드 챔피언 아르헨티나!

메시의 꿈이 실현되다!

이 월드컵 우승으로 메시는 마침내 마라·도나와 어깨를 나란히 하는 진정한 국민 영웅의 반열에 오른다. 그의 가장 큰 꿈은 실현되었고, 그는 조국과 함께 이 기쁨을 누리며 아르헨티나에 이루 말할 수 없는 행복을 선물한다. 축구 세계는 다시 한 걸음, 제자리를 찾아간 듯하다.

2022년 월드컵 한눈에 보기

A조

날짜	팀	결과	팀
11월 20일	카타르	0:2	에콰도르
11월 21일	세네갈	0:2	네덜란드
11월 25일	카타르	1:3	세네갈
11월 25일	네덜란드	1:1	에콰도르
11월 29일	네덜란드	2:0	카타르
11월 29일	에콰도르	1:2	세네갈

승점: 네덜란드 7, 세네갈 6, 에콰도르 4, 카타르 0

B조

날짜	팀	결과	팀
11월 21일	잉글랜드	6:2	이란
11월 21일	미국	1:1	웨일스
11월 25일	웨일스	0:2	이란
11월 25일	잉글랜드	0:0	미국
11월 29일	웨일스	0:3	잉글랜드
11월 29일	이란	0:1	미국

승점: 잉글랜드 7, 미국 5, 이란 3, 웨일스 1

C조

날짜	팀	결과	팀
11월 22일	아르헨티나	1:2	사우디아라비아
11월 22일	멕시코	0:0	폴란드
11월 26일	폴란드	2:0	사우디아라비아
11월 26일	아르헨티나	2:0	멕시코
11월 30일	폴란드	0:2	아르헨티나
11월 30일	사우디아라비아	1:2	멕시코

승점: 아르헨티나 6, 폴란드 4, 멕시코 4, 사우디아라비아 3

D조

날짜	팀	결과	팀
11월 22일	덴마크	0:0	튀니지
11월 22일	프랑스	4:1	호주
11월 26일	튀니지	0:1	호주
11월 26일	프랑스	2:1	덴마크
11월 30일	튀니지	1:0	프랑스
11월 30일	호주	1:0	덴마크

승점: 프랑스 6, 호주 6, 튀니지 4, 덴마크 1

E조

날짜	팀	결과	팀
11월 23일	독일	1:2	일본
11월 23일	스페인	7:0	코스타리카
11월 27일	일본	0:1	코스타리카
11월 27일	스페인	1:1	독일
12월 1일	일본	2:1	스페인
12월 1일	코스타리카	2:4	독일

승점: 일본 6, 스페인 4, 독일 4, 코스타리카 3

F조

날짜	팀	결과	팀
11월 23일	모로코	0:0	크로아티아
11월 23일	벨기에	1:0	캐나다
11월 27일	벨기에	0:2	모로코
11월 27일	크로아티아	4:1	캐나다
12월 1일	크로아티아	0:0	벨기에
12월 1일	캐나다	1:2	모로코

승점: 모로코 7, 크로아티아 5, 벨기에 4, 캐나다 0

G조

날짜	팀	결과	팀
11월 24일	스위스	1:0	카메룬
11월 24일	브라질	2:0	세르비아
11월 28일	카메룬	3:3	세르비아
11월 28일	브라질	1:0	스위스
12월 2일	카메룬	1:0	브라질
12월 2일	세르비아	2:3	스위스

승점: 브라질 6, 스위스 6, 카메룬 4, 세르비아 1

H조

날짜	팀	결과	팀
11월 24일	우루과이	0:0	대한민국
11월 24일	포르투갈	3:2	가나
11월 28일	대한민국	2:3	가나
11월 28일	포르투갈	2:0	우루과이
12월 2일	대한민국	2:1	포르투갈
12월 2일	가나	0:2	우루과이

승점: 포르투갈 6, 대한민국 4, 우루과이 4, 가나 3

16강

날짜	팀	결과	팀
12월 3일	네덜란드	3:1	미국
12월 3일	아르헨티나	2:1	호주
12월 4일	프랑스	3:1	폴란드
12월 4일	잉글랜드	3:0	세네갈
12월 5일	일본	1:1(연장전) 1:3(승부차기)	크로아티아
12월 5일	브라질	4:1	대한민국
12월 6일	모로코	0:0(연장전) 3:0(승부차기)	스페인
12월 6일	포르투갈	6:1	스위스

8강

날짜	팀	결과	팀
12월 9일	크로아티아	1:1(연장전) 4:2(승부차기)	브라질
12월 9일	네덜란드	2:2(연장전) 3:4(승부차기)	아르헨티나
12월 10일	모로코	1:0	포르투갈
12월 10일	잉글랜드	1:2	프랑스

4강

날짜	팀	결과	팀
12월 13일	아르헨티나	3:0	크로아티아
12월 14일	프랑스	2:0	모로코

3위 결정전

날짜	팀	결과	팀
12월 17일	크로아티아	2:1	모로코

결승전

날짜	팀	결과	팀
12월 18일	아르헨티나	3:3(연장전) 4:2(승부차기)	프랑스

우승국: 아르헨티나

참가국
32개국(209개국 신청)

대회 기간
2022년 11월 20일~12월 18일

총관중
3,404,252명
(경기당 평균 약 53,191명)

출전 선수
584명

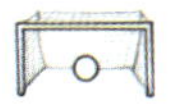

득점
172(경기당 평균 약 2.69)

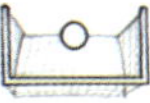

자책골
2

가장 빠른 골
68초 - 데이비스(캐나다 vs 크로아티아)

최다 맨 오브 더 매치
리오넬 메시(아르헨티나), 5회

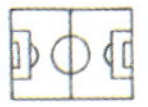

경기
64

가장 득점력이 높은 팀
프랑스(7경기 16골)

득점 순위
· 골든 부트, 8골 - 킬리안 음바페(프랑스)
· 실버 부트, 7골 - 리오넬 메시(아르헨티나)
· 브론즈 부트, 4골 - 올리비에 지루(프랑스)

페어플레이상
잉글랜드

옐로카드 / 옐로카드 누적
224회(경기당 평균 약 3.5) /
3회(경기당 평균 약 0.05)

레드카드
2회(경기당 평균 약 0.05)

최우수 선수 TOP 3
· 골든볼 - 리오넬 메시(아르헨티나)
· 실버볼 - 킬리안 음바페(프랑스)
· 브론즈볼 - 루카 모드리치(크로아티아)

최고의 골키퍼
에밀리아노 마르티네스(아르헨티나)

1경기 3골 이상 기록자
3골: 킬리안 음바페(아르헨티나 vs 프랑스),
곤살루 하무스(포르투갈 vs 스위스)

페널티킥
총 22회(17골 성공, 5골 실축)

베스트 영 플레이어
엔소 페르난데스, 21세(아르헨티나)

드림 팀 2022

2026 미국·캐나다·멕시코 월드컵

새로운 월드컵의 시대가 열린다! 월드컵 역사상 최초로 미국, 캐나다, 멕시코 세 나라의 16개 도시, 40개가 넘는 경기장에서 대회가 열린다. 북미 대륙 전체를 가로지르는 역대 가장 큰 규모의 월드컵으로 처음으로 48개 팀, 104경기가 진행되는 말 그대로 매머드급 대회다. FIFA는 이번 축구 축제에서 더 많은 이변의 기회와 더 많은 감정 폭발이 있을 거라고 말한다. 하지만 동시에 조별 리그의 긴장감이 희석될 위험도 안고 있다.

멕시코시티의 에스타디오 아스테카에서 열리는 개막전부터가 상징적이다. 1970년 펠레가 자신의 세 번째 월드컵 우승컵을 들어 올렸고, 1986년 마라도나가 '신의 손'을 만들어낸 바로 그 경기장의 문이 다시 열린다. 이곳에서 월드컵 개막전이 열리는 것은 이번이 세 번째로, 이런 기록을 가진 경기장은 전 세계에서 아스테카뿐이다. 그리고 대회 마지막은 뉴욕 바로 옆, 뉴저지의 메트라이프 스타디움이 세계 축구 팬의 시선을 받을 것이다. 그곳에서 열리는 결승전에서는 8만 명이 넘는 축구 팬이 새로운 월드 챔피언을 축하하게 될 것이다.

화려한 조명 아래 다시 서는 것은 역시 세계적인 스타들이다. 2018년 월드컵 우승자이자 2022년 결승전의 주인공인 킬리안 음바페는 여전히 불멸의 반열을 향해 달려가고 있다. 엘링 홀란드는 1998년 이후 월드컵에서 자취를 감췄던 노르웨이를 다시 큰 무대로 이끌기 위해 찾아온다. 브라질의 희망은 비니시우스 주니오르다. 그의 폭발적인 퍼포먼스는 새로운 세대를 이끌고 있다. 독일은 2018년과 2022년 두 차례의 참사를 딛고 일어서기 위해 자말 무시알라, 플로리안 비르츠 같은 젊은 스타들에게 팀의 활력을 맡긴다.

전 세계의 시선은 또한 살아 있는 두 명의 레전드에게도 쏠릴 것이다. 리오넬 메시와 크리스티아누 호날두. 두 선수 모두 매우 높은 확률로 이번이 마지막 월드컵이 될 것이다.

이변을 노리는 팀들도 숨어 있다. 2022년 4강에 오른 모로코는 그 성적이 우연이 아니었다는 것을 증명하려 한다. 개최국 미국은 자국 대회에서 '도약'을 꿈꾸고 있고, 멕시코와 캐나다 역시 홈에서의 깜짝 돌풍을 노린다. 어쩌면 또 다른 아웃사이더가 등장해 과거의 크로아티아, 아이슬란드, 우루과이, 카메룬처럼 축구 팬의 마음을 사로잡을지도 모른다. 한 가지는 분명하다. 2026년은 단순한 월드컵이 아니라 XXL급 글로벌 이벤트가 될 것이다. 새로운 기대와 궁금증을 불러일으키는 이야기로 가득한 2026년 월드컵의 마지막 순간에 왕관을 쓰는 팀은 과연 어느 나라가 될까?

리오넬 메시(아르헨티나)

2026년
월드컵의 스타들
꿈의 무대가 될 월드컵

킬리안 음바페(프랑스)

아슈라프 하키미(모로코)

토마스 파티(가나)

아이딘 흐루스티치(호주)

에딘 제코(보스니아 헤르체고비나)

네이마르 쥬니오르(브라질)

엘링 홀란드(노르웨이)

알폰소 데이비스(캐나다)

이르빙 로사노(멕시코)

메흐디 타레미(이란)

크리스천 풀리식(미국)

멤피스 데파이(네덜란드)

해리 케인(잉글랜드)

얀 조머(스위스)

라민 야말(스페인)

케빈 더 브라위너(벨기에)

사디오 마네(세네갈)

알리 말룰(튀니지)

미토마 카오루(일본)

알모에즈 알리(카타르)

아르다 귈러(튀르키예)

페데리코 발베르데(우루과이)

크리스티아누 호날두(포르투갈)

루카 모드리치(크로아티아)

에네르 발렌시아(에콰도르)

모하메드 살라(이집트)

손흥민(대한민국)

마누엘 노이어(독일)

2026

6월 12일~7월 20일

48팀

104경기

A조

경기장	날짜(한국 시간)	상대 팀	
1.	6월 12일	멕시코	남아공
3.	6월 12일	대한민국	체코
13.	6월 19일	체코	남아공
3.	6월 19일	멕시코	대한민국
1.	6월 25일	체코	멕시코
2.	6월 25일	남아공	대한민국

B조

경기장	날짜(한국 시간)	상대 팀	
14.	6월 14일	캐나다	보스니아 헤르체고비나
5.	6월 14일	카타르	스위스
4.	6월 19일	스위스	보스니아 헤르체고비나
15.	6월 19일	캐나다	카타르
15.	6월 25일	스위스	캐나다
6.	6월 25일	보스니아 헤르체고비나	카타르

C조

경기장	날짜(한국 시간)	상대 팀	
7.	6월 14일	브라질	모로코
8.	6월 14일	아이티	스코틀랜드
8.	6월 20일	스코틀랜드	모로코
9.	6월 20일	브라질	아이티
16.	6월 25일	스코틀랜드	브라질
13.	6월 25일	모로코	아이티

D조

경기장	날짜(한국 시간)	상대 팀	
4.	6월 13일	미국	파라과이
15.	6월 14일	호주	튀르키예
6.	6월 20일	미국	호주
5.	6월 20일	튀르키예	파라과이
4.	6월 26일	튀르키예	미국
5.	6월 26일	파라과이	호주

E조

경기장	날짜(한국 시간)	상대 팀	
11.	6월 15일	독일	퀴라소
9.	6월 15일	코트디부아르	에콰도르
14.	6월 21일	독일	코트디부아르
10.	6월 21일	에콰도르	퀴라소
7.	6월 26일	에콰도르	독일
9.	6월 26일	퀴라소	코트디부아르

F조

경기장	날짜(한국 시간)	상대 팀	
12.	6월 15일	네덜란드	일본
2.	6월 15일	스웨덴	튀니지
11.	6월 21일	네덜란드	스웨덴
2.	6월 21일	튀니지	일본
12.	6월 26일	일본	스웨덴
10.	6월 26일	튀니지	네덜란드

G조

경기장	날짜(한국 시간)	상대 팀	
6.	6월 16일	벨기에	이집트
4.	6월 16일	이란	뉴질랜드
4.	6월 22일	벨기에	이란
15.	6월 22일	뉴질랜드	이집트
6.	6월 27일	이집트	이란
15.	6월 27일	뉴질랜드	벨기에

H조

경기장	날짜(한국 시간)	상대 팀	
13.	6월 16일	스페인	카보베르데
16.	6월 16일	사우디아라비아	우루과이
13.	6월 22일	스페인	사우디아라비아
16.	6월 22일	우루과이	카보베르데
11.	6월 27일	카보베르데	사우디아라비아
3.	6월 27일	우루과이	스페인

I조

경기장	날짜(한국 시간)	상대 팀	
7.	6월 17일	프랑스	세네갈
8.	6월 17일	이라크	노르웨이
9.	6월 23일	프랑스	이라크
7.	6월 23일	노르웨이	세네갈
8.	6월 27일	노르웨이	프랑스
14.	6월 27일	세네갈	이라크

J조

경기장	날짜(한국 시간)	상대 팀	
10.	6월 17일	아르헨티나	알제리
5.	6월 17일	오스트리아	요르단
12.	6월 23일	아르헨티나	오스트리아
5.	6월 23일	요르단	알제리
10.	6월 28일	알제리	오스트리아
12.	6월 28일	요르단	아르헨티나

K조

경기장	날짜(한국 시간)	상대 팀	
11.	6월 18일	포르투갈	콩고 민주 공화국
1.	6월 18일	우즈베키스탄	콜롬비아
11.	6월 24일	포르투갈	우즈베키스탄
3.	6월 24일	콜롬비아	콩고 민주 공화국
16.	6월 28일	콜롬비아	포르투갈
13.	6월 28일	콩고 민주 공화국	우즈베키스탄

L조

경기장	날짜(한국 시간)	상대 팀	
12.	6월 18일	잉글랜드	크로아티아
14.	6월 18일	가나	파나마
8.	6월 24일	잉글랜드	가나
14.	6월 24일	파나마	크로아티아
7.	6월 28일	파나마	잉글랜드
9.	6월 28일	크로아티아	가나

32강

경기장	날짜(한국 시간)	상대 팀	
74	8.	6월 30일	E조 1위	A/B/C/D/F조 3위 중 1
77	7.	7월 01일	I 조 1위	C/D/F/G/H조 3위 중 1
73	4.	6월 29일	A조 2위	B조 2위
75	2.	6월 30일	F조 1위	C조 2위
83	14.	7월 03일	K조 2위	L조 2위
84	4.	7월 03일	H조 1위	J조 2위

경기장	날짜(한국 시간)	상대 팀	
81	5.	7월 02일	D조 1위	B/E/F/I/J조 3위 중 1
82	6.	7월 02일	G조 1위	A/E/H/I/J조 3위 중 1
76	11.	6월 30일	C조 1위	F조 2위
78	12.	7월 01일	E조 2위	I조 2위
79	1.	7월 01일	A조 1위	C/E/F/H/I조 3위 중 1
80	13.	7월 02일	L조 1위	E/H/I/J/K조 3위 중 1

경기장	날짜(한국 시간)	상대 팀	
86	16.	7월 04일	J조 1위	H조 2위
88	12.	7월 04일	D조 2위	G조 2위
85	15.	7월 03일	B조 1위	E/F/G/I/J조 3위 중 1
87	10.	7월 04일	K조 1위	D/E/I/J/L조 3위 중 1

* 32강은 각 조 1, 2위 자동 진출(24팀), 각 조 3위 중 상위 8팀은 와일드카드로 진출
(1. 승점, 2. 골득실차, 3. 다득점 순 등)

경기장

1. 에스타디오 아스테카, 멕시코시티
2. 에스타디오 몬테레이
3. 에스타디오 과달라하라
4. 로스앤젤레스 스타디움
5. 샌프란시스코 베이 에어리어 스타디움
6. 시애틀 스타디움
7. 뉴욕-뉴저지 스타디움
8. 보스턴 스타디움
9. 필라델피아 스타디움
10. 캔자스시티 스타디움
11. 휴스턴 스타디움
12. 댈러스 스타디움
13. 애틀랜타 스타디움
14. 토론토 스타디움
15. 비시 플레이스, 밴쿠버
16. 마이애미 스타디움

우승컵을 향하여

(한국 시간 기준)

월드컵 역사 한눈에 보기

역대 월드컵 우승국

브라질: 5
독일: 4
이탈리아: 4
아르헨티나: 3
우루과이: 2
프랑스: 2
잉글랜드, 스페인: 1

기록적인 경기: 2014, 브라질 vs 독일 1:7

· 최단 시간 최다 월드컵 골 (6분 동안 4골)
· 한 선수의 가장 빠른 연속 득점: 토니 크로스 2골, 69초 사이
· 한 팀이 전반 29분 동안 5골을 넣은 최초의 월드컵 기록
· 4강에서 나온 최다 점수 차 패배, 그리고 개최국-브라질 역사상 월드컵 최다 점수 차 패배
· 2014년 대회 최다 점수 차 승리
· 독일의 여덟 번째 결승 진출

가장 많은 결승 진출국

독일: 8
브라질: 7
이탈리아: 6
아르헨티나: 6
네덜란드, 프랑스: 3

미로슬라프 클로제:

· 월드컵에서 4회 연속 4강에 출전한 첫 국가대표 선수
· 16번째 골로 월드컵 역대 최다 득점자 등극 (이 경기에서 0:2 골 기록)

득점 기록 보유자

클로제: 16
호나우두: 15
게르트 뮐러: 14
퐁텐, 메시: 13
음바페, 펠레: 12
클린스만, 코치시: 11

미디어 기록:

· 0:5 상황 이후 3,560만 개 트윗, 초당 약 6,700개
· 독일 내 TV 시청자 3,257만 명
· 페이스북 게시물 2억 건

메시:

· 월드컵 최다 주장 출전: 19경기
· 다섯 번의 월드컵 모두에서 어시스트를 기록한 유일한 선수

최다 월드컵 경기 (국가)

브라질: 114
독일: 112
아르헨티나: 88
이탈리아: 83
잉글랜드: 74
스페인: 67

펠레:

· 최연소 월드컵 득점자: 만 17세, 1958년
· 최연소 월드컵 우승 선수: 만 17세, 1958년
· 선수 기준 최다 월드컵 우승: 3회 (1958, 1962, 1970)

월드컵 최다 점수 차 승리

헝가리 vs 엘살바도르
10:1 (1982)

마라도나:

· '세기의 골': 1986년 월드컵
· FIFA 월드컵 드림팀 선정 투표에서 최다 득표

최다 출전 선수

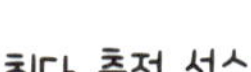

	선수	국적	월드컵 본선 경기 기록	경기
1	리오넬 메시	아르헨티나	2006, 2010, 2014, 2018, 2022	26
2	로타어 마테우스	독일	1982, 1986, 1990, 1994, 1998	25
3	미로슬라프 클로제	독일	2002, 2006, 2010, 2014	24
4	파올로 말디니	이탈리아	1990, 1994, 1998, 2002	23
5	디에고 마라도나	아르헨티나	1982, 1986, 1990, 1994	21
6	우베 젤러	독일	1958, 1962, 1966, 1970	21
7	브와디스와프 주무다	폴란드	1974, 1978, 1982, 1986	21
8	카푸	브라질	1994, 1998, 2002, 2006	20
9	필립 람	독일	2006, 2010, 2014	20
10	B. 슈바인슈타이거	독일	2006, 2010, 2014	20
11	그제고시 라토	폴란드	1974, 1978, 1982	20

승부차기에서 가장 많이 승리한 팀

	국가	승부차기 횟수	승리	패배
1	아르헨티나	7	1990년 (8강·4강), 1998년 (16강), 2014년 (4강), 2022년 (8강·결승)	2006년 (8강)
2	독일	4	1982년 (4강), 1996년 (8강), 1990년 (4강), 2006년 (8강)	
2	크로아티아	4	2018년 (16강·8강), 2022년 (16강·8강)	
3	브라질	5	1994년 (결승), 1998년 (4강), 2014년 (16강)	1986년 (8강), 2022년 (8강)

참가 국가
79개국

출전 선수
7,781명

가장 빠른 득점
2002년: 11초 하칸 쉬퀴르(튀르키예 vs 대한민국)

최고의 충격 순간
지단 vs 마테라치(2006)

최다 퇴장(레드카드)
각 2회: 리고베르송(카메룬), 지네딘 지단(프랑스)

최다 월드컵 참가
21회, 브라질

최다 월드컵 승리
70승, 브라질

선수 기준 최다 월드컵 승리
17승, 미로슬라프 클로제(독일, 2002~2014)

선수 기준 최다 월드컵 출전 시간
2,314분 리오넬 메시(아르헨티나, 2006~2022)

기간
1930년 7월 13일~2022년 12월 18일

총득점
2,720골(경기당 평균 2.82골)

총경기
964경기

옐로카드
2,303장(평균 2.55장/경기)

옐로카드 누적
47회(평균 0.06회/경기)

레드카드(퇴장)
124회(평균 0.13회/경기)

한 대회 최다 득점(팀)
헝가리, 1954년 5경기 27골(경기당 5.4골)

한 대회 최다 득점(선수)
쥐스트 퐁텐, 1958년(프랑스)
6경기 13골

한 경기 최다 득점(선수)
5골, 올레그 살렌코
(1994년 러시아 vs 카메룬)

관중 수
40,532,478명

자책골
54골(평균 0.06골/경기)

가장 득점력이 높은 팀
브라질 114경기 237골(경기당 2.07골)

페널티킥(정규 시간)
227회(185골 성공, 42회 실축/방어)

승부차기에서 가장 많이 패배한 팀
잉글랜드, 이탈리아, 스페인(4번 중 3번 패배)

기타 기록

최다 월드컵 경기(감독)
헬무트 셰언(독일, 1966~1978)

가장 나이가 많은 월드컵 우승 선수
디노 조프, 40세(이탈리아, 1982)

최다 득점 경기
12골 오스트리아 vs 스위스 7:5(1954년)

교체 후 최단 시간 득점
에베 산, 16초(덴마크 vs 나이지리아, 1998)

역대 최고 드림 팀

저자 소개

헤르만 아첼(Germán Aczel)은 1974년 2월 12일 아르헨티나 부에노스아이레스에서 태어났다. 학창 시절 내내 그림을 그렸으며, 월요일마다 보카 주니어스의 골 장면을 그린 그의 그림을 선생님과 친구들이 기다릴 정도였다. 16세에 이미 지역 잡지에 작품을 실었고, 각종 대회에서 수상하며 아르헨티나의 유력 신문 <La Nación>과 스포츠 잡지 <El Gráfico>에 합류했다.

20세에 첫 대규모 전시회를 열었고, 국제적으로도 활동했다. 브라질 리우데자네이루에서 Jornal do Brasil 등과 작업한 뒤, 두바이에서 열린 카툰 공모전 우승 상금으로 유럽 여행을 떠났고, 뮌헨에서 탱고를 추다 아내를 만나 정착했다.

독일에서는 〈브라보 슈포르트(BRAVO Sport)>, 〈분데스리가(Bundesliga)〉, 영국 잡지 〈포포투(FourFourTwo)〉 등에 그림을 그렸다. 그는 월드컵을 주제로 한 여러 책의 저자이며, 대표작 《World Cup 1930~2022》는 2010년 영국·이탈리아·프랑스 등 9개국에서 처음 출간되었고, 2014년 독일에서 출간되어 베스트셀러가 되었으며, 2018년 중국에서도 출간되었다. 2022년에는 《축구 역사를 빛낸 최고의 골(Die schönsten Tore aller Zeiten und mehr)》이 베스트셀러에 올랐고, 이후에는 독일 대표팀에 헌정한 《Oooh, wie ist das schön!》(2024), 《Tor für Deutschland!》(2025)이 뒤를 이었다.

그의 작품은 스위스 취리히의 FIFA 월드풋볼박물관에 소장되어 있으며, 오리지널 작품도 전시되어 있다. 2018년 월드컵 기간에는 '아티스트 인 레지던스'로 초청되어 매일 대회 장면을 그렸다. 2019년 아시안컵 기간에는 아부다비 미디어의 초청으로 〈Al-Ittihad〉 신문의 마지막 페이지를 매일 그렸다. 유니세프(UNICEF)와 홈리스 월드컵(Homeless World Cup)을 지원하며, 난민 스포츠 통합 활동도 돕고 있다. 2022년부터는 뮌헨의 클럽 아틀레티코 보카 주니어스의 대사로 활동 중이다. 현재 그는 아내와 네 자녀와 함께 독일 뮌헨에서 살고 있다.